François Bandet

L'esistenza umana e il suo senso alla luce della teologia Cattolica

François Bandet

L'esistenza umana e il suo senso alla luce della teologia Cattolica

Edizioni Sant'Antonio

Cover image: www.ingimage.com

Publisher:
Edizioni Accademiche Italiane
is a trademark of
International Book Market Service Ltd., member of OmniScriptum Publishing Group
17 Meldrum Street, Beau Bassin 71504, Mauritius
Printed at: see last page
ISBN: 978-620-2-00088-8

In copertina:
La cappella superiore della Sainte-Chapelle,
Parigi – Francia

Ringraziamenti:
Alla Madonna di Fatima
A Monsignor João Scognamiglio Clá Dias, E.P.

0. Introduzione

Nello svolgimento di qualsiasi attività che possa essere qualificata come di «nuova evangelizzazione»,[1] per usare la nota espressione di S. Giovanni Paolo II, mi è sembrato che vi sia una *conditio sine qua non* e che questa sia anzitutto il parlare alle persone del «senso» della loro vita. In altre parole, ritengo sia preferibile fare delle domande sull'esistenza, sull'uomo ancor prima di argomentare sul trascendente, su Dio. Poiché l'uomo ad un certo momento della sua vita, nel suo essere finito e dipendente non può fare altro che chiedersi il perché del suo esistere e il perché della morte, mi sembra molto pertinente sollevare in primo luogo la questione dell'esistenza dell'uomo per poi introdurre il ruolo portante di Dio.

«Perché la vita?» «Perché la morte?» Sono domande che possono essere sempre rimandate, ma presto o tardi ritornano sempre nella mente umana, nella sua ricerca di pace e di felicità. Le distrazioni, i divertimenti, l'appetito di vivere possono appagare, in un certo modo, ma non bastano a rendere la vita felice e serena. Nel suo desiderio di essere felice e di non morire, l'uomo sente il bisogno di qualcosa che l'oltrepassi. L'angoscia e la frustrazione si introducono nella vita dell'uomo perché egli desidera sempre qualcosa di più, quindi non è mai soddisfatto di ciò che ha. Questo «appetito» insaziabile è la crisi dell'uomo senza fede. Ricercando la felicità e la pace, egli non può fare altro che, coraggiosamente, considerare una realtà che lo trascenda e lo superi.

La crisi dell'uomo crea di conseguenza una crisi nella società, nella quale tutto è rimesso in dubbio creando, così, parecchi fenomeni di

---

[1] «Giovanni Paolo II parlò per la prima volta di "nuova evangelizzazione" il 9 giugno 1979 a Nowa Huta, quartiere industriale di Cracovia divenuto famoso per la lotta dei credenti contro il comunismo». *L'Osservatore Romano*, 05 giugno 2011.

rotture con il passato. I cambiamenti prodotti nella società – soprattutto quella occidentale – hanno assunto una tale proporzione che anche i principi di base sono stati dimenticati. Il voler essere «moderno» e «libero», ha fatto si che i valori di sempre siano stati respinti e rigettati, in nome di un soggettivismo delirante per l'«io».

Ciò che rappresentava la gloria della società come i valori della vita, della famiglia, dell'educazione, dell'autorità, della verità e dell'alterità sono caduti nel relativismo e nell'indifferenza. Qualificando questo rigetto, come un'emancipazione e una conquista della propria libertà di fronte ad una supposta manipolazione della Chiesa, l'uomo ha istituito il regno del non-senso. I nuovi valori umani sono adesso il denaro, il guadagno, il potere, il divertimento e la ricerca del piacere sensoriale senza limite. Il senso della vita e dell'essere, come anche della speranza e della fede, sono in crisi perché non esiste più la conoscenza, il rispetto e la pratica dei valori. L'assoluto e la verità sono stati sostituti dal soggettivismo egoista della deificazione dell'uomo. Il coraggio di andare al di là di se stesso è scomparso, così l'uomo di oggi sta perdendo la sua pienezza di essere uomo. Senza valore, senza senso, l'uomo è preoccupato, ed è assalito soltanto dalla pecunia e dal piacere animalesco dell'edonismo.

Tuttavia questa società, apparentemente priva di scopo, sta disperatamente ricercando un nuovo senso di vita. Nascono allora nuove religioni e sistemi filosofici, come le sette e i fenomeni di tipo «New Age» di meditazione e di rincarnazione; movimenti che offrono «soluzioni» trascendentali al vuoto della vita[2]. Con l'uccisione di Dio, da

---

[2] Cf. LE SECRÉTARIAT POUR L'UNITÉ DES CHRÉTIENS, LE SECRÉTARIAT POUR LES NON CHRÉTIENS, LE SECRÉTARIAT POUR LES NON-CROYANTS ET LE CONSEIL PONTIFICAL POUR LA CULTURE, «Les 'Sects' ou 'Movements Religieux': Défi Pastoral», La Documentation catholique 69 (1986), 547-554; PONTIFICIO CONSIGLIO DELLA CULTURA, PONTIFICIO CONSIGLIO PER IL DIALOGO INTERRELIGIOSO, *Gesù Cristo portatore dell'acqua viva. Una riflessione cristiana sul «New Age»*, Documenti Santa Sede 81, Editore EDB, 2003.

parte della società moderna, provocato dal materialismo e dall'individualismo, il cibo necessario per alimentare l'appetito spirituale dell'uomo, affinché dia un senso alla vita, va ricercato nei movimenti esoterici e utopistici, più volte dominatori e manipolatori. Senza fede, l'uomo diventa credulo, psicologicamente debole e influenzabile; diviene allora soggetto di manipolazione da parte di nuovi ciarlatani e falsi profeti. La disperazione e, purtroppo, anche il suicidio e l'eutanasia, sono allora la conclusione di un processo in cui, la mancanza di cibo spirituale autentico e soddisfacente, lo mette di fronte alla sua realtà cattiva e insignificante[3].

L'uomo moderno può ricercare in tutte le direzioni un alimento, sia spirituale che materiale, per riempire il vuoto della mancanza di Dio, ma è soltanto nella persona di Gesù Cristo che troverà la risposta giusta nella sua ricerca di dare senso alla sua vita. Cristo non è soltanto la presenza di Dio nella nostra storia ma è soprattutto ciò che dà senso alla nostra storia e alla vita dell'uomo stesso. Cristo rende l'uomo libero da manipolazione esoteriche e psicologiche, perché ci testimonia il suo amore, rivelando il dono della sua persona e del suo compromesso per gli uomini di oggi. Cristo, rivelando se stesso, rivela il senso della vita come un dono per l'uomo. Fatto di corpo e di spirito, l'uomo non potrà mai trovare il senso della sua esistenza con i suoi unici sforzi: è soltanto con l'aiuto di Dio, nella testimonianza di Cristo, che la fede ci darà la risposta alla vita. Questa soluzione non si trova nell'uomo ma nella rivelazione di Dio e nella persona divina di Cristo, che rivela il suo amore e il suo impegno per la salvezza dell'umanità e la vita eterna. È per questo che la Chiesa Cattolica spe-

---

[3] Cf. CONGREGAZIONE PER LA DOTTRINA DELLA FEDE, *Sull'Eutanasia, testi e commenti*, Librería Editrice Vaticana, Città del Vaticano, 2016.

ra contro ogni speranza nella promessa di Gesù Cristo per la pace nel mondo e la vita eterna.

Per aiutare a sviluppare la mia riflessione sull'attualità del dialogo sul senso della vita, ho scelto un autore di spicco e d'irradiazione teologica: il gesuita Juan Alfaro. Desidero così presentarvi, con l'aiuto dell'autore sopracitato, l'importanza di questo tema, come attuazione profonda nella svolta della «nuova evangelizzazione».

Juan Alfaro, di origine spagnola, ha lavorato come professore e consultore, per più di 35 anni, presso l'Università Gregoriana e in diverse altre commissioni e associazioni teologiche. È un uomo di ampia portata ed influenza che ha saputo interpretare le difficoltà e le necessità del mondo contemporaneo.

Il primo capitolo di questa opera è basato sull'ultimo libro scritto da Alfaro «Dal Problema dell'uomo al problema di Dio». Pur essendo l'ultimo dei suoi numerosi libri, è quello che rappresenta maggiormente l'inizio del percorso teologico del nostro autore. Preoccupato e afflitto dai problemi del mondo moderno, l'autore vuole presentare all'uomo contemporaneo una riflessione su se stesso, sui suoi problemi e le sue domande.

Partendo dall'uomo, l'autore si chiede qual è il senso della vita e della ragione dell'esistenza dell'uomo. È una domanda attuale ma incompleta ci dice Alfaro, poiché prima di domandarsi ciò deve interrogarsi sull'origine e sul significato di questo problema. È per questo che il suo libro incomincia con una riflessione filosofica ed esistenziale sull'essere umano: prima abborda il problema sul senso dell'esistenza umana per poi terminare con il senso dell'esistenza cristiana. L'esperienza e l'interrogazione su se stesso diventeranno fondamentali nella sua riflessione sulla libertà intelligente dell'uomo. Questo aspetto farà si che Alfaro superi la proposta meramente teorica e si diriga verso quella pratica del problema. Il nostro autore farà continuamente appello all'auto-superamento dell'uomo nella sua posizione con riguardo a se stesso e agli altri, nell'uso della sua libertà. Un atteggiamento in cui egli invita l'uomo a non rimanere neutrale ed indifferente, ma ad avere il coraggio di andare sempre oltre se stesso per diventare pienamente uomo.

In questo desiderio, che l'uomo ha di divenire sempre più uomo, si trova la chiave del senso della sua esistenza. Di fronte a se stesso, agli altri, al mondo e alla morte, l'uomo non è mai soddisfatto e desidera sempre di più. Da solo, non può dare più rispetto a se stesso, ma ha bisogno degli altri e soprattutto di Dio. Scoprendosi, egli percepisce anche la presenza di Dio, rivelato in Gesù Cristo, che dà pienezza al senso della sua vita e della morte. Per ottenere ciò, deve anzitutto scoprire che la vita ha senso e questo diventa il problema fondamentale dell'uomo. Non è un qualsiasi problema ma è «il» problema sulla quale si appoggiano tutti gli altri. Per rispondere adeguatamente a questa realtà di interrogazione su se stesso esige dall'uomo una opzione di vita che Alfaro chiama «l'opzione fondamentale».

Il problema del senso ultimo della vita dell'uomo implica una risposta totale da parte dell'uomo dove tutta la sua persona deve essere coinvolta. Non è soltanto un atteggiamento di pensiero ma anche di apertura e di accoglienza di tutto ciò che trascende l'empirico e supera la scienza. L'evidenza della risposta, ci dice Alfaro, non sarà una dimostrazione ma una «mostrazione», cioè, una esposizione delle possibilità sufficienti per la giustificazione dell'opzione del trascendente in cui Dio sarà la risposta e Cristo la pienezza del senso della vita dell'uomo.

Troveremo, nel secondo capitolo, una riflessione del nostro autore sulla speranza cristiana basata sul suo libro «Speranza cristiana e liberazione dell'uomo» scritto quasi venti anni prima dell'ultimo. Con il desiderio di fare uno studio teologico completo sulla speranza, Alfaro terrà conto di tutta la dimensione dell'uomo che si trova nel mondo: corporalmente, spiritualmente, comunitariamente e storicamente. Inizierà la sua riflessione con uno sguardo sulla realtà antropologica dell'uomo e come egli è naturalmente tendente ad avere una disposizione fiduciosa dinnanzi alla vita.

L'uomo, essendo proteso al futuro e con il desiderio di vivere per sempre, ha naturalmente bisogno di sperare in qualcosa di migliore. La speranza fa parte del fondamento e della dimensione esistenziale dell'uomo il quale si trova di fronte al dramma della vita e della morte. Nonostante le diverse difficoltà e regressi della vita, egli procede sempre con la sua vita, in una fiduciosa speranza connaturale con l'essere uomo. Alfaro ci presenterà come la speranza cristiana non è artificiale o opposta alla natura dell'essere umano bensì si incontra nel profondo della sua esistenza.

Basandosi sulla Bibbia, sia dell'Antico che del Nuovo Testamento, l'autore dimostrerà come la Buona Novella del Vangelo libera l'uomo dalle proprie angosce e gli dà un senso pieno alla sua vita. L'amore per il prossimo e la solidarietà verso gli oppressi e i sofferenti – predicato dal Vangelo – libera l'uomo da se stesso conducendolo a Cristo. Tutta la proposta di Alfaro, sul senso della vita, ruoterà attorno alla carità che, alla fine, fra le tre virtù teologali avrà il primato (cf. 1Cor 13,1-13). Sarà l'amore che porterà l'uomo ad un atteggiamento di apertura e di emancipazione verso gli altri e Dio. «Un solo comandamento contiene tutta la legge nella sua pienezza: amerai il prossimo come te stesso» ci dice S. Paolo ai Romani (cf. 13,9-10). Questo amore, secondo Alfaro, dovrà manifestarsi in un atteggiamento di servizio e di aiuto verso gli uomini marginati e oppressi. Una responsabilità dove la fede in Cristo non potrà essere soltanto una relazione personale e individualistica ma dovrà liberare l'uomo a diventare attivo e impegnato nel mondo e nei rapporti con gli altri. Questo compromesso e attività per amore di Cristo darà all'uomo senso alla sua vita perché avrà come modello Cristo stesso che è la pienezza dell'uomo.

La Risurrezione di Gesù Cristo darà all'uomo la speranza di una gloria futura perché è proprio in quell'evento che culmina tutta l'esistenza dell'uomo. L'uomo, dirà Alfaro, deve avere il coraggio di abbandonarsi con fiducia al mistero della promessa divina (cf. Gv 11,25-26; Rm 6,5; 1Ts 4,14). Tuttavia, il fatto che egli sia libero gli fa correre il rischio di dire «no» alla chiamata di Dio, quindi perdere il senso della vita. Il pericolo del progresso tecnologico può far si che l'uomo diventi un oggetto manipolato e oppresso in nome di una libertà scientifica indifferente ai valori umani. La promessa della risurrezione dei morti lo libera da questa manipolazione perché gli fa alzare con fiducia lo sguardo verso il cielo facendogli anche rispettare la natura creata. È proprio nell'esperienza di dipanare la sua libertà e quella degli altri che l'uomo troverà il senso della speranza contro ogni speranza perché confrontato con la sua debolezza. Egli si renderà allora conto di aver bisogno di vivere in armonia con gli altri e il mondo per salvare se stesso ed anche il mondo. La deformazione o la distruzione di quest'ultimo non gli servirebbe a niente; egli deve anzitutto preoccuparsi della sua salvezza e di quella degli altri.

Cercando il modo di arrivare ad una pienezza del suo essere, scoprirà che da solo non potrà farcela ma avrà bisogno dell'aiuto di Dio, nella persona di Gesù Cristo. La certezza di essere amato e voluto da Dio darà senso alla sua vita e a quella del mondo, nel quale l'armonia e la pace illumineranno il cammino della vita. La fiducia e la speranza raggiungeranno la loro pienezza nell'amore che l'uomo sente da parte di Dio in attesa della sua venuta.

Alfaro terminerà la sua riflessione sulla speranza appellando l'uomo a prendersi le sue responsabilità al cospetto della sua vita e di quella degli altri. Una responsabilità in cui la libertà e l'apertura dovranno spingere l'uomo verso l'impegno di emergere da sé per liberare il suo spirito e divenire pienamente uomo. Un impegno di conversione integrale di fronte alla realtà della vita e della morte.

Il Magistero della Chiesa Cattolica è sempre stato molto sensibile alla problematica della vita e a quella dell'esistenza dell'uomo; inspirandosi ai dibattiti attuali, il Magistero propone delle piste e soluzioni per mezzo di encicliche o documenti per superare tali problemi. Accade frequentemente che questi documenti della chiesa si ispirino ad alcune opere già esistenti composte da teologi famosi o brillanti. Mi piace pensare che lo stesso sia capitato con il nostro autore e la sua opera «Dal problema dell'uomo al problema di Dio» con riguardo all'enciclica del Papa Giovanni Paolo II, *Fides et ratio*. Ci sono tante similitudini in entrambi, sembra davvero che l'uno abbia ispirato in qualche modo l'altro.

Il terzo capitolo di questo lavoro presenterà alcune considerazioni e riflessioni sul senso della vita sollevato dal Magistero della Chiesa in confronto con il nostro autore. La prima parte del terzo capitolo presenterà la *Fides et ratio* come complimento all'analisi di Alfaro. L'enciclica riprende in qualche modo l'intuizione di Alfaro in cui l'uomo deve coinvolgersi totalmente in una «opzione fondamentale» per la sua vita unificando la fede e la ragione.

Partendo da una proposta filosofica sull'importanza di avere il coraggio di porre delle domande sull'esistenza e la verità, la *Fides et ratio* propone all'uomo di considerare la teologia come chiave di lettura per scoprire la soluzione a queste domande. Presentando la sofferenza e la morte come mistero dell'uomo, l'enciclica appunta alla Rivelazione come mistero che dà soluzione a questi interrogativi. Denunciando l'interpretazione nichilista, in cui l'esistenza è basata soltanto sulle sensazioni, S. Giovanni Paulo II ricorda che l'uomo ha una ragione e una coscienza, pertanto deve avere il coraggio di andare oltre se stesso in modo da liberarsi della cultura moderna la quale è miope e chiusa. Il Papa ci ricorda che il Vangelo unisce la fede e la ragione in una circolarità armoniosa per scoprire la verità, fonte della liberazione e della felicità dell'uomo.

La seconda parte del terzo capitolo presenterà l'enciclica del Papa Benedetto XVI, *Spe salvi*. Anche li troviamo un eco alla riflessione sul senso della vita del nostro autore Juan Alfaro. Questo documento importante, sulla speranza umana, sottolinea il desiderio che l'uomo ha di continuare a vivere e ad esistere illimitatamente nonostante la sua finitezza corporale. L'uomo non vuole continuare ad esistere nella sofferenza e nell'afflizione ma nella felicità e nell'amore. Questo desiderio innato nell'essere stesso dell'uomo ha un nome: la «vita eterna» (Gv 3,16; 5,24; 1Gv 5,11).

Riferendosi alla crisi odierna, l'enciclica di Benedetto XVI denuncia la fiducia eccessiva che l'uomo moderno ha nel progresso e nella tecnologia. Una fiducia che diventa praticamente una fede nella potenza dell'uomo di dominare le leggi e fare ciò che vuole con la natura. Un atteggiamento che l'enciclica denuncia come se fosse una scappatoia di fronte alla dimensione globale dell'esistenza umano. Soltanto con una fede fiduciosa in Cristo l'uomo può trovare pace e serenità di fronte alla vita e dare un senso alla morte. Gesù Cristo è presentato nell'enciclica come colui che da senso alla vita perché è in lui che Dio manifesta e rivela il suo amore per l'umanità. Cristo è la ragione e la fonte di tutta la speranza umana. Allargando il cuore e la ragione, l'uomo è capace di Dio e lo trova più facilmente quando si apre verso il prossimo. Poiché l'uomo non vive da solo ma con gli altri, l'esperienza che può avere con una comunità credente può aiutarlo a desiderare di essere salvato. Ecco una grande responsabilità per tutti i credenti. Il pieno senso della vita si trova nel più profondo dell'esistenza umana quando essa è aperta e ricettiva di fronte all'amore, alla verità e verso Dio.

1. «Dal problema dell'uomo al problema di Dio»

Juan Alfaro (1914-1992) è stato professore per 35 anni nella Facoltà di Teologia dell'Università Gregoriana, nonché grande innovatore dopo il Concilio Vaticano II. Gesuita spagnolo, alla fine della vita ha scritto il libro «Dal problema dell'uomo al problema di Dio»[4], che può essere considerato una sintesi di tutta la sua ricerca accademica. Il senso della vita e dell'esistenza umana è esattamente il tema di questo libro.

Esso si colloca sulla scia dell' «Uditore della Parola»[5] di K. Rahner, ma con un approccio un po' più nuovo perché, oltre al metodo trascendentale, Alfaro vi propone un metodo esistenziale. Sembra che la differenza rispetto a Rahner sia che quest'ultimo parte dal mistero dell'incarnazione e della verità e si chiede come l'uomo possa incontrare Dio, mentre Alfaro parte dall'uomo e si chiede se la vita abbia un senso.[6]

1.1 *Non si può fare teologia senza fare filosofia*

Nonostante l'aspetto altamente filosofico della proposta di Alfaro, al centro della sua riflessione vi è un fondamento prettamente antropologico. Alfaro parte da un presupposto filosofico per arrivare alla teologia, intessendo un legame antropologico-trascendentale; egli spiega che non si può capire l'esistenza cristiana prima di avere una conoscenza dell'esistenza umana. Ma una simile affermazione è filosofica dunque Alfaro si domanda se sia possibile per un teologo fare

---

[4] ALFARO, J., *Dal problema dell'uomo al problema di Dio* (1988), tr. it. Queriniana, Brescia 1991; Titolo originale pubblicata nel 1988: *De la cuestión del hombre a la cuestión de Dios*.

[5] RAHNER, K., *Uditori della parola*, tr. it. Borla, Torino, 1988.

[6] Cf. Pié-Ninot, S., *La Teologia Fondamentale* (2001), tr. it. Queriniana, Brescia 2007, p. 137.

filosofia.[7] La risposta a tale domanda si basa sul riferimento ai padri della Chiesa, fra i quali, in particolare, S. Giustino (†168), S. Ireneo (†202), e S. Agostino (†430), che utilizzarono la filosofia per sostenere le loro proposte teologiche.

S. Tommaso d'Aquino (†1274) è stato il più grande teologo e filosofo del medioevo. Già nel secolo XI S. Anselmo di Canterbury diceva che la ragione umana non è in opposizione alla fede ma, al contrario, è uno strumento essenziale per la speculazione teologica. Anselmo definiva la teologia come «fides quaerens intellectum»[8]: «la fede in cerca della comprensione», del perché credere, del cosa si crede. Si tratta di riflessioni radicali e illimitate della ragione umana. Ciò dimostra pertanto molto chiaramente come non si possa fare teologia senza fare filosofia.[9]

La prima parte del libro di Alfaro cerca di spiegare il problema dell'uomo e la sua eventuale relazione con il problema di Dio. In esso si affronta anche la tematica del «conosci te stesso»[10] per poi essere «più se stessi» attraverso la relazione con gli altri. L'uomo è l'unico essere capace di interrogarsi su di sé e, per questo deve cercare di auto-scoprirsi e auto-conoscersi. Tale correlazione si muove tra l'essere e il farsi uomo, in un'argomentazione che passa dall'avere senso al dare senso[11] alla propria vita: la cosiddetta «opzione fondamentale».[12]

---

[7] Cf. *Dal problema dell'uomo*, p. 5.

[8] CANTERBURY, A., DE, *Proslogio*, Proemio, in ALAMEDA, J., ed., *Obras completas de San Anselmo*, Biblioteca de Autores Cristianos 82, Madrid, 1952, p. 360.

[9] Cf. *Dal problema dell'uomo*, p. 6.

[10] «Il monito "Conosci te stesso" era scolpito sull'architrave del tempio di Delfi, a testimonianza di una verità basilare che deve essere assunta come regola minima da ogni uomo desideroso di distinguersi, in mezzo a tutto il creato, qualificandosi come "uomo" appunto in quanto "conoscitore di se stesso"». GIOVANNI PAOLO II, Lettera enciclica *Fides et Ratio*, 1.

[11] Cf. *Dal problema dell'uomo*, p. 15.

[12] L'espressione «opzione fondamentale» è utilizzata da Alfaro per scoprire, per mezzo di un linguaggio antropologico, la dimensione della fede dell'uomo in Dio. Accogliere e avere fede in Dio è, secondo Alfaro, una «opzione fondamentale» per ogni uomo. È interessante notare che il termine «opzione fondamentale» coincide con ciò che la teologia classica chiama «amare Dio sopra ogni altra cosa». Cf. ALFARO, J., «Las esperanzas intramundanas y la esperanza cristia-

Il percorso descritto da Alfaro inizia dall'apertura dell'uomo al mondo circostante e, attraverso l'apertura agli altri, alla realtà della morte, confluisce nell'analisi dell'apertura dell'uomo e della storia.[13] In particolare, l'«apertura» dell'uomo agli altri è una categoria importante perché permette all'uomo di essere interpellato dalla Grazia e dallo Spirito Santo.

Una volta dimostrato come il problema dell'uomo sia importante e che la vita umana ha un senso, Alfaro fa una ricerca per sapere quale sia questo senso analizzando il rapporto «uomo-mondo», passando per diversi filosofi moderni quali Kant, Feuerbach, Heidegger, Nietzsche, Sartre, Wittgenstein, Marx e Bloch. Egli giunge alla conclusione che per «tendere sempre oltre» l'uomo è naturalmente orientato verso Dio perciò la risposta della fede è una opzione fondamentale per trovare senso all'esistenza e alla vita dell'uomo.

1.2 *L'apertura a Dio come problema del senso e senso del problema*

Nella sua riflessione, Alfaro parte dall'esperienza vissuta dall'uomo nell'atto stesso di esistere. Che cosa sono io? Dato che l'uomo si interroga su se stesso, in questo atto egli deve anche prendere posizione su se stesso, affrontando un problema che lo sprona a cercare una risposta. Non si tratta di una domanda puramente teorica ma di una domanda con risvolti anche pratici perché pone in questione la sua libertà.

Nell'indagare le possibili risposte a tale domanda, ciascuno si rende conto di non essere pienamente se stesso, ciascuno si rende con-

---

na», *Consilium* (es.) 59 (1970), p. 354; ALFARO, J., *Cristología y Antropología*, Ediciones Cristiandad, Madrid, 1973, p. 474 (note); *Dal problema dell'uomo*, pp. 17, 138, 227, 257, 278, 279. Giovanni Paolo II ha definito l'«opzione fondamentale» come; «il frutto di un atto che coinvolge la persona nella sua totalità». Lettera enciclica *Veritatis Splendore*, 69; «Dio è sempre stato considerato dalla Chiesa come un momento di "scelta fondamentale", in cui tutta la persona è coinvolta». *Fides et Ratio*, 13.

[13] Cf. *Dal problema dell'uomo*, p. 19.

to che è dunque chiamato a diventare, ad essere «più-se-stesso» attraverso la relazione con gli altri. Il paradosso dell'uomo di essere se stesso, non potendo egli essere pienamente tale, fa di lui un mistero perfino a se stesso.

L'uomo si rende anche conto di non esistere da sempre e di non poter esistere per sempre. Da qui la rivelazione della limitatezza dell'esperienza umana, di non essere venuto al mondo da se stesso e di avere ricevuto una esistenza non scelta, rende necessarie le domande: «Da dove vengo? Perché esisto?»[14]. Dal momento in cui ogni uomo comincia a vivere, comincia anche a morire. L'enigma della morte fa della vita un enigma che interpella: «dove vado? Perché vivere?» La morte fa sì che i momenti transitori della nostra esistenza siano irreversibili e irripetibili. Inizialmente è meglio formulare la domanda in un modo più semplice, vale a dire: «Vale la pena vivere»? «La vita merita di essere presa sul serio»?

In questo senso la formula di Immanuel Kant rimane sempre molto attuale: «che cosa posso sapere, che cosa debbo fare, che cosa mi è permesso sperare?».[15] Si tratta di tre aspetti di una stessa domanda, «che cos'è l'uomo?».[16]

L'uomo è permanentemente proiettato verso l'avvenire sperato, posto sempre oltre ogni mèta raggiunta. È libero e impegna la propria libertà in decisioni concrete che non può realizzare e portare a termine senza interrogarsi sul perché di esse. Il perché di ogni opzione, dunque, mira di per sé, alla questione del senso ultimo dell'esistenza umana. In tale prospettiva la questione del senso ultimo della vita ha un carattere trascendentale. L'uomo potrà trovare il senso della pro-

---

[14] Cf. *Dal problema dell'uomo,* p. 12.

[15] KANT, E., *Kritik der reinen Vernunft,* (1781) tr. fr. *Critique de la raison pure,* Flammarion, Paris 2006, p. 658.

[16] KANT, E., *Logik,* (1800) tr. fr. *Logique,* Vrin, Paris, 1966, p. 25.

pria vita solo in un atto che coinvolga tutta la sua persona. Non basta il monito puramente contemplativo «conosci te stesso»; bisogna aggiungere il «fa» (edifica) te stesso nell'autenticità[17]. L'uomo può essere definito come il creatore del linguaggio, della tecnica, della cultura, della storia, ma la caratteristica più evidente dell'essere umano è il fatto che egli abbia come destino quello di cercare il senso ultimo della propria vita, secondo Alfaro «l'uomo è stato posto nel mondo alla ricerca di se stesso e del suo avvenire».[18]

Il problema del senso ultimo della vita trascende il campo dell'empiricamente verificabile quindi supera la competenza delle scienze. Ciò vuol dire che il problema del senso ultimo implica che la risposta non potrà essere «evidente». Se fosse «evidente», infatti, l'uomo non sarebbe libero, perché non avrebbe nessun'altra scelta da fare che quella evidente, obbligandolo ad «entrare negli schemi dell'ovvio e del già inteso».[19] Una «dimostrazione» evidente del senso ultimo della vita rimane allora esclusa. Si potrà fare, quindi, non tanto una «dimostrazione» ma una «mostrazione», cioè una comprensione dei motivi sufficienti per giustificare l'opzione. Poiché una «dimostrazione» dell'evidenza non lascerebbe la possibilità dell'opzione.[20]

1.2.1 Il metodo di Alfaro

Con questa introduzione, allora, dove si vuole arrivare, da dove si deve partire e come si deve procedere? Alfaro dice che si vuole arrivare alla comprensione della risposta da dare al problema sul senso della vita umana.[21] Per questo bisogna sapere da dove si deve partire; il

---

[17] Cf. *Dal problema dell'uomo,* p. 17.

[18] *Ibidem*

[19] DOTOLO, C., *Un cristianesimo possibile, Tra postmodernità e ricerca religiosa,* Queriniana, Brescia, 2007, p. 395.

[20] Cf. *Dal problema dell'uomo,* p. 23.

[21] Cf. *Dal problema dell'uomo,* p. 19.

punto di partenza sarà l'esperienza, ed, in concreto, l'esperienza esistenziale, cioè le esperienze che l'uomo fa nell'atto di esistere: le esperienze del mondo, della morte e della storia. Partire dall'esperienza umana totale è di importanza decisiva per la riflessione sul problema del senso della vita.

Una volta assunta come punto di partenza l'esperienza umana totale, il passo seguente avrà carattere fenomenologico: la realtà «appare» nel fenomeno, che è appunto il suo «mostrarsi» originario. L'uomo, dunque, non può accontentarsi di vivere e sperimentare, rinunciando di capire il vissuto, pertanto, dopo questa analisi formale del problema sul senso della vita umana, sarà necessario entrare nella discussione se la vita abbia o non abbia senso.

Alla fine si andrà in cerca della ragione trascendentale dell'andare sempre oltre dell'uomo per potere capire i diversi movimenti dell'esperienza del fenomeno. Il nostro metodo trascendentale sarà il modo di proseguire per la comprensione del comportamento dell'uomo di procedere sempre oltre, desiderare e cercare sempre qualcosa in più.

Il metodo che Alfaro segue è il seguente:

a) esistenziale: il punto di partenza è l'esistenza vissuta dell'uomo;

b) fenomenologico: lascia che le domande nascano dalla realtà interamente considerata e parte da un metodo che prende in considerazione l'essere in una situazione concreta;

c) trascendentale: cerca la ragione profonda che trascende il fenomeno e l'esistenza.[22]

Dato che l'uomo non ha un'esperienza immediata di Dio si deve ammettere che il problema di Dio sarà possibile solo in quanto

---

[22] Cf. *Dal problema dell'uomo,* p. 21.

l'esperienza da cui nasce il problema dell'uomo culmina per sua natura in «qualcosa» che è oltre l'uomo, il mondo e la storia. Ciò significa che il problema di Dio potrà sorgere solo in quanto connesso al problema dell'uomo e del senso della vita. Come è successo con Wittgenstein in un momento di oscillazione fra Dio e il tacere: «Credere in un Dio vuol dire comprendere la questione del senso della vita...».[23]

Bisogna dire che se l'uomo non fosse costitutivamente aperto al trascendente, non potrebbe neppure cercare Dio. Il problema di Dio è correlato al problema dell'uomo.

Se non è possibile dare al problema dell'uomo una risposta «dimostrativa», ma soltanto «mostrativa», analogamente sarà impossibile dare una risposta «dimostrativa» al problema di Dio.[24] Quale sarà allora il metodo di Alfaro per «mostrare» i motivi a giustificazione dell'opzione di Dio?

1.3 *Il Mondo*

Alfaro concepisce il mondo come il luogo dove si svolge la vita della persona; dove la persona fa un'esperienza di se stessa e di ciò che lo circonda; in tale esperienza l'uomo sperimenta che, allo stesso tempo, fa parte del mondo ed è diverso dal mondo. Tutte le difficoltà fra l'uomo e il mondo nascono nell'uomo stesso. Heidegger definisce l'esistenza dell'uomo come «essere nel mondo».[25] Il mondo non è sol-

---

[23] WITTGENSTEIN, L., *Tractatus Logico-Philosophicus e Quaderni* 1914-1916, Einaudi, Torino 1966, p. 218.

[24] Cf. *Dal problema dell'uomo,* p. 23.

[25] HEIDEGGER, M., *Essere e tempo*, (1927), tr. it., Longanesi & C., Milano 1976, § 12. Nella filosofia di Heidegger, l'essere è il problema fondamentale e l'affermazione secondo cui «*l'uomo è il pastore dell'essere*» è la chiave per capire l'essere. Egli parte dal presupposto che, siccome l'uomo è un problema a se stesso, per capire il problema dell'essere (che sarebbe Dio) si deve capire anzitutto il problema dell'uomo. L'uomo per Heidegger è stato «*gettato*» nel mondo dal nulla e allora la sua esistenza è una «*fattività*». La coscienza di essere nel mondo fa che l'uomo sperimenti l'angoscia e il tormento del nulla. Purtroppo, nella sua interrogazione

tanto il luogo dove abita l'uomo ma è soprattutto il luogo dove l'uomo sviluppa la propria missione e attività. Questo rapporto fra l'uomo e il mondo deve anche tenere conto dell'ipotesi, molto probabile, di una certa evoluzione naturale nella creazione.[26] Secondo questa teoria, chiamata evoluzione teistica e anche basata sulla teoria del Big Bang, la materia diventa vita nel suo procedere verso l'uomo.[27] Allora senza la presenza dell'uomo, il mondo e la materia sarebbero senza senso, senza futuro e senza destino.[28]

C'è anche un processo di «umanizzazione» in cui la persona diventa più persona perché scopre che, nella misura in cui fa parte del mondo, è anche diverso dal mondo e questo lo sprona a dare un senso alla propria presenza in esso. È una esperienza diversa nella quale ci si rende conto che si vive davanti al mondo perché diversi dal resto del mondo. Così, di fronte al mondo, l'uomo incomincia domandarsi cosa sia esso. Che senso ha il mondo per l'uomo?

Se l'uomo si dissocia dal mondo vede che vi è una distanza insuperabile tra lui e il mondo e tra l'umanità e la natura, vede come la realtà del mondo e la propria realtà sono diverse al punto che il mondo non vede né la realtà dell'uomo né la propria realtà. Si tratta del profondo rapporto tra il soggetto e l'oggetto, dell'oggettivazione del mondo di fronte alla soggettivazione dell'uomo.

Di fronte alla capacità oggettiva senza fine della natura si trova una capacità illimitatamente costruttiva dell'uomo. È l'uomo che è cosciente

---

sull'essere e sull'uomo, Heidegger manca di radicalità per andare fino in fondo sul vero problema dell'uomo. Egli lascia infatti in sospeso il problema ultimo dell'esistenza dell'uomo e così lascia anche in sospeso (forse possiamo dire deliberatamente in silenzio) il problema ultimo dell'essere che noi chiamiamo Dio. Cf. *Dal problema dell'uomo,* pp. 63-75.204.

[26] Cf. RATZINGER, J., *In the Beginning,* tr. in. T&T Clark, Edinburgh, 1995, p. 50.

[27] Cf. «La persona umana creata a immagine di Dio», in COMMISSIONE TEOLOGICA INTERNAZIONALE, *Documenti 1969-2004*, Edizioni Studio Domenicano, Bologna, 2006, § 66-69.

[28] Cf. ALFARO, J., *Speranza Cristiana e liberazione dell'uomo* (1971), tr. it. Queriniana, Brescia 1972, p. 169.

di se stesso e il mondo che non lo è. L'uomo giunge così a pensare di essere il punto più alto del divenire cosmico perché dotato di coscienza, mentre la natura e la materia non lo sono. Analizzando la sua coscienza egli si rende allora conto di essere libero perché autocosciente di se stesso. Essendo libero scopre cosi l'io personale della soggettività umana. Questa libertà non è soltanto quella relativa alla possibilità di fare questo o quello ma è soprattutto la libertà di prendere delle decisioni su se stesso e sulle possibilità della propria esistenza. Il soggetto nasce allora dall'oggetto.

Nel momento in cui la persona inizia a dominare il mondo essa diventa più libera e approfondisce la propria opzione fondamentale di senso; tale processo è allora necessario per esprimersi attraverso l'arte, la cultura, la musica.[29] Si tratta di una comunicazione trascendente della capacità creativa che l'uomo ha di soddisfare la propria libertà. Questo dominio sulle cose è il frutto della storicità della persona che vive libera nel mondo.

Ma cosa è la libertà? Certamente un dono ma anche un compito, perché si tratta delle decisioni che la persona deve prendere riguardo al senso ultimo della propria vita.

Siccome l'uomo è capace di «accorgersi di se stesso» egli si rende conto di non essersi dato la libertà, ma di averla ricevuta nello stesso modo in cui ha ricevuto la vita, ossia senza la sua partecipazione.[30] La sua libertà rende l'uomo responsabile e lo chiama a rispondere di sé e dei propri atti di fronte al mondo e a se stesso.

C'è una libertà verso qualcosa ma anche davanti a qualcuno. Come abbiamo detto, l'uomo scopre che la sua libertà è un dono ma scopre anche che non può avere una libertà puramente individuale perché c'è anche la libertà degli altri, della natura e della materia. Egli

---

[29] Cf. *Dal problema dell'uomo,* p. 207.
[30] Cf. *Dal problema dell'uomo,* p. 215.

è dunque anche responsabile della trasformazione ecologica del mondo ma soprattutto della dignità e della libertà degli altri.

Tale responsabilità nata dalla coscienza della propria libertà lo costringe a rispondere di se stesso di fronte al mondo. Ma la sua risposta al mondo non può essere, come l'abbiamo detto, una «dimostrazione» di una conclusione razionale e evidente perché escluderebbe la sua libertà. Nel rispetto di tale libertà la sua risposta deve essere allora una «mostrazione», nel senso di una presentazione dei motivi che danno senso alla sua vita e che possono condurre a credere in Dio. L'esistenza di Dio non si dimostra infatti scientificamente con la pura ragione dei fatti come sosteneva Hegel, ma si giustifica con un atto di comprensione totale di tutta la persona umana.[31] Questo Dio è l'essere superiore trascendente che Alfaro definisce come realtà ultima e come Mistero ragionevole.[32] Heidegger, parlando con perplessità sulla futura «venuta» dell'essere, rimane in silenzio con la paura di affrontare questa possibilità chiamata Dio.[33] Per Alfaro l'esistenza di Dio non si dimostra ma si crede, perché l'esistenza di Dio è ragionevole, cioè, sufficientemente giustificata.

1.4 *Gli altri*

Nel mondo la persona non è isolata ma vive con gli altri. Per essere una persona completa essa deve passare attraverso la relazione con gli altri e la rinuncia a questa relazione è rinuncia a se stessi.

---

[31] Cf. HEGEL, G.W.F. *Encyclopaedia of the Philosophical Sciences* (1830), tr. in. W. Wallace, Oxford, 1873, § 36; Parlando della filosofia di Hegel, Dale M. Schlitt afferma che: «La sua concezione fondamentale della dinamica dello spirito inteso come differenziazione e ritorno dialettico, espresso in senso religioso e teologico nei termini delle diverse prove dell'esistenza di Dio, gli fornì il paradigma sul quale elaborò il suo intero sistema filosofico». SCHLITT, D. M., *Hegel,* in LATOURELLE, R., - FISICHELLA, R., ed., *Dizionario di Teologia Fondamentale*, Cittadella, Assisi, 1990, p. 546;

[32] Cf. *Dal problema dell'uomo,* p. 130.

[33] Cf. *Dal problema dell'uomo,* pp. 67.217; Heidegger ha preferito mantenere in sospeso, con un silenzio 'limitato', la problematica di Dio perché non ha avuto il coraggio di andare fino in fondo alla problematica dell'uomo. Cf. *Dal problema dell'uomo*, pp. 73.75.

L'opzione fondamentale dovrà aprirsi alla relazione con il mondo e con gli altri.[34]

Nella lingua umana, ci sono due parole basilari: «io-tu» e «io-esso». Le parole «io-tu» esprimono la relazione dell'uomo con l'altro uomo. Le parole «io-esso» esprimono il rapporto dell'uomo con il mondo. La vita umana è dunque essenzialmente con-vivenza, vale a dire vita insieme ad altri e in relazione con il mondo esterno.

La trasformazione e lo sviluppo della natura è il compito dell'uomo nel suo lavoro come essere libero nel mondo. Nel lavoro, comune a tutti per dominare e beneficiare della natura, l'uomo oggettivato si unisce agli altri e fa che l'umanità si congiunga nel suo divenire storico.

La soggettività dell'uomo viene dalla sua realizzazione con l'alterità. Dove l'uomo si interessa degli altri, si dona e riceve a sua volta dagli altri. È l'incontro dialogico tra soggetto e soggetto. Si tratta essenzialmente di intersoggettività; in tale esperienza il linguaggio non è soltanto una trasmissione di informazioni ma anche, e soprattutto, una comunione interpersonale. Secondo Wittgenstein, il linguaggio non è soltanto uno scambio di impressione ma «una forma di vita»[35] dunque una forma di sviluppo creativo vantaggioso.

Se la relazione dell'uomo nel mondo è di un essere libero, allora, a ciò deve anche aggiungersi la considerazione della libertà degli altri. Io sono libero, ma lo sono anche gli altri. La mia libertà dipende anche dalla libertà degli altri. Il noto filosofo ateo francese Jean-Paul Sartre dice che «l'inferno sono gli altri» e che l'esistenza umana è una assur-

---

[34] Cf. *Dal problema dell'uomo,* p. 227.

[35] *Dal problema dell'uomo,* p. 142. Wittgenstein affronta il problema del senso della vita analizzando il linguaggio umano con la «Teoria dei giochi linguistici». *Dal problema dell'uomo,* p. 111.

dità che si rivela nella coscienza che l'uomo ha di sé.[36] Questo perché l'altro è colui che mi impedisce di essere il centro del mondo, colui che mi sottrae il mondo in modo da mettere in pericolo la mia libertà assoluta di realizzarmi, facendo tutto ciò che io voglio. Infatti, per Sartre, se Dio esistesse, sarebbe necessario ribellarsi a lui per mantenere la propria libertà ed unicità.

Commentando questa rivolta di Sartre verso l'alterità, Alfaro si domanda allora se «si può ridurre il senso delle relazioni interpersonali al conflitto, al rifiuto dell'altro o al trucco dell'amore per possedere l'altro? Certamente no».[37]

L'uomo infatti edifica se stesso e diventa più uomo nel donarsi agli altri ed anche nel ricevere dagli altri. Questa riduzione sartriana riguardante i rapporti interpersonali viene da una intolleranza di accettare la libertà di ogni uomo e di sentirsi troppo in rapporto agli altri. La libertà è un dono gratuitamente dato ad ogni uomo. Il valore della libertà è stato dato ad ognuno in maniera uguale. Sulla base di tale presupposto si può comprendere come la libertà di uno debba essere condizionata dal valore della libertà dell'altro. Posto che la libertà non è stata creata da nessuno, essa deve essere eguale per tutti. Gli altri non sono soltanto il limite della mia libertà ma anche la condizione e garanzia della mia libertà.

La libertà degli altri deve essere di comunione e di mutuo rispetto e dà luogo a relazioni nelle quali si produce una maturazione fra la comunità e la singola persona, contrariamente a quanto sosteneva Sar-

---

[36] SARTRE, J. P., *L'Être et le néant*, Éditions Gallimard, Paris, 1943, pp. 302, 591, 662. cf. *Speranza cristiana*, 19; *Dal problema dell'uomo*, p. 224. Anche ALBERT CAMUS nel suo saggio *Le mythe de Sisyphe. Essai sur l'absurde*, (*Il mito di Sisifo*) Paris, Éditions Gallimard, 1942, sottolinea nel primo capitolo che «C'è un solo problema filosofico veramente serio: il suicidio. Giudicare se la vita vale o non vale la pena di essere vissuta significa rispondere alla questione fondamentale della filosofia». Perché, secondo Camus, la realtà della vita «è senza ragione».

[37] *Dal problema dell'uomo*, p. 224.

tre secondo il quale dovremmo avere una disillusione e una «nausea» nei confronti della vita e degli altri.[38]

Dato che la comunità e la persona dipendono l'una dall'altra, non possono essere fondamento a se stesse perché hanno entrambi una finitezza; il fondamento ultimo fra le due deve essere l'amore che trascende ed è a loro esterno.[39] È S. Tommaso d'Aquino che nella sua *Summa contra Gentiles* spiega come l'uomo sia il fine dell'universo e come tutto il resto sia ordinato intorno a lui.[40] Posto che l'uomo è l'unico essere intelligente e libero, egli è superiore a tutti gli altri esseri del mondo. La sua superiorità lo costituisce come la realtà ultima, per così dire, di quanto esiste nel mondo. Intanto, la presenza dell'altro uomo lo interpella e gli chiede di uscire da se stesso per andargli incontro. Andando verso l'altro egli deve riconoscere il valore e la dignità della sua persona e l'altro deve rispettarlo. Ognuno deve cercare il bene dell'altro, cosa che costituisce l'essenza dell'amore.[41]

Questa collaborazione di ogni uomo con gli altri non è soltanto una apertura nelle relazioni interpersonali fra due individui ma anche una relazione comunitaria fra più persone. Una esperienza di comunicazione e di comunione nel pensiero e nella libertà, una realtà di collaborazione fraterna che viene dal più profondo dell'istinto umano esistente dall'antichità e mai distrutto, né dalle diverse guerre né da regimi di oppressione. La comunità è un vincolo fra persone umane che riconoscono la coscienza e la libertà di ogni uomo. Quando una persona lavora per il bene della comunità diventa più uomo e quando la comunità contribuisce al progresso delle persone diventa più comu-

---

[38] Cf. SARTRE, J. P., *La nausée,* Éditions Gallimard, Paris, 1938, pp. 172, 173, 182. *La nausea*, tr. it., *La nausea*, La biblioteca di Repubblica, Roma 2003, pp. 153, 164.
[39] Cf. *Dal problema dell'uomo,* pp. 230-231.
[40] TOMMASO D'AQUINO, *Summa Contra Gentiles*, Lib. 3 Cap. 112-113.
[41] Cf. *Dal problema dell'uomo,* p. 228.

nità. Il termine moderno usato per descrivere questo atteggiamento è *solidarietà*: la persona collabora per il bene di tutti.[42] C'è allora una trascendenza tra la persona e la comunità tanto che l'una è in sè il valore per l'altra.

Ma qual è la sorgente trascendente fondamentale dei rapporti fra le persone? Non può essere la comunità o la solidarietà né l'amore perché si tratta di entità tendenti tutte verso qualcosa. Il fondamento ultimo dei rapporti interpersonali dunque non può essere altro che Dio, che è sufficiente a se stesso.

Appare nuovamente qui l'impossibilità di una «dimostrazione» di Dio perché sarebbe un processo puramente razionale, ovvio e obbligante. Tale processo toglierebbe all'uomo la libertà. Per poter comprendere la credenza in Dio come una opzione effettivamente umana l'apertura a Dio deve necessariamente sostanziarsi in una «mostrazione». L'affermazione «Dio c'è» manifesta una certezza e una esortazione appoggiata sul sapere e sulla comprensione valida ma tuttavia inconclusa della pura ragione.[43]

La relazione con gli altri si basa sulla libertà responsabile sempre pronta a rispondere a qualcuno che non è né del regno della natura né del regno degli uomini, ma si fonda sulla persona trascendente che è Dio.

In una relazione siffatta l'uomo fa allora una nuova esperienza che è quella di essere sempre di fronte alla morte.

1.5 *La morte*

La morte è una realtà drammatica e se l'uomo intende vivere pienamente la propria vita deve confrontarsi con la morte che interrompe definitivamente tutti i rapporti fra l'uomo, il mondo e gli altri.

---

[42] Cf. *Dal problema dell'uomo,* p. 234. Cf. CAUTILLI, G., Oltre l'orizzonte. Il tema della speranza in Juan Alfaro, Editrice Pontificia Università Gregoriana, Roma, 2005, p. 156-157.

[43] Cf. *Dal problema dell'uomo,* p. 239.

L'ultima parola sulla vita dell'essere umano è l'evento morte che, si può dire, è anche l'ultima parola sul problema dell'uomo.[44]

Il problema del senso della vita è radicalmente messo in questione dal problema del senso della morte. Per argomentare sul problema della vita è necessario rapportarsi alla morte e per pensare al problema della morte bisogna pensare alla vita. Che cosa è la vita e che cosa è la morte? L'uomo vive camminando verso la morte e muore con lo sguardo verso la vita. Alfaro dice che «dobbiamo definire l'uomo come l'essere-interpellato-dalla morte»[45] perché, secondo S. Agostino, è l'unica cosa certa nella vita *incerta omnia: sola mors certa.*[46] È dunque un problema sensato, ossia pieno di senso, perché è certo che tutti gli uomini moriranno.

L'uomo fa esperienza del mondo e degli altri ma fa esperienza solo della morte degli altri.[47] Non può fare esperienza della propria morte perché su tale esperienza non è possibile riflettere.

Che senso ha la morte?

La morte ci manifesta che l'uomo è un essere fatto per la vita perché desidera la vita tanto da lottare contro la morte, in quanto essa gli fa paura. Si tratta della paura del mistero, della solitudine, del silenzio. La morte è cosi misteriosa che Wittgenstein dichiara che essa non è un evento della vita e quindi si deve tacere dinanzi ad essa.[48]

---

[44] Cf. *Dal problema dell'uomo,* p. 241.

[45] *Dal problema dell'uomo,* p. 243.

[46] AUGUSTINO, *Esposizioni sui salmi*, 38, 19; *Discorsi*, 97, 3.

[47] Cf. *Dal problema dell'uomo,* p. 245.

[48] WITTGENSTEIN, L., *Tractatus Logico-Philosophicus e Quaderni 1914-1916*, traduzione di Amedeo Giovanni Conte, Collana Biblioteca di cultura filosofica, Torino, Einaudi, 1964, 6.4311. Wittgenstein ha scritto che «La morte non è un evento della vita. La morte non si vive» C'è qualcosa per Wittgenstein nella vita dell'uomo che lo preoccupa intensamente e di fronte alla quale si deve tacere: la morte. «So che il suicidio è sempre una porcheria: nessuno può davvero volere il proprio annientamento», «viviamo circondati dalla morte». *Dal problema dell'uomo,* p. 246.

La vita dell'uomo è piena di esperienze ma soprattutto piena dell'esperienza del desiderio di continuare a vivere. Abbiamo bisogno della presenza dell'uomo e degli altri ma sappiamo che non abbiamo un controllo completo su di essi. La loro presenza rappresenta una minaccia per la nostra vita perché ci ricorda dolorosamente la nostra finitezza. Facciamo così una esperienza anticipata della morte nel senso che moriamo in noi stessi ogni volta che c'è un distaccamento fra il mondo, gli altri e noi. Questa esperienza anticipata della morte accade nel cuore del soggetto come un rendersi conto del fatto che non si è capaci di vivere nella pienezza. Si ha sempre bisogno dell'altro e del mondo, cioè delle oggettivazioni.

1.5.1 È soltanto nella «speranza-sperante» che l'uomo può trovare un senso alla morte

Miguel de Unamuno, filosofo spagnolo, esprime la contraddizione che c'è fra la ragione umana, che secondo lui nega la vita oltre la morte e il desiderio dello spirito umano di voler vivere per sempre.[49] La ragione non può dimostrare la vita dopo la morte perché l'aldilà è inaccessibile alla ragione. Ma la speranza sormonta il sapere razionale dove solo Dio può garantire la sopravvivenza dopo la morte come frutto del voler-vivere per sempre. L'uomo ha paura della morte perché la morte annienta completamente il suo «io» personale. È di fronte a questa paura suprema che soltanto con la «speranza-sperante» l'uomo può trovare un senso nella morte e così continuare a vivere. Non si può vivere senza sperare, così l'uomo spera sempre e senza fine.

---

[49] UNAMUNO, DE M. *Ensayos* II, M. Aguilar Editor, Madrid 1945, pp. 793-975, 958, 940; cit. in *Dal problema dell'uomo,* p. 253. Per Unamuno, l'elemento primordiale della vita dell'uomo è la speranza mentre per Heidegger la speranza non vuol dire nulla. Invece, l'elemento primordiale per Heidegger è l'angoscia ed in nessun modo si può rispondere al problema della morte e meno ancora al problema di Dio.

Sartre dice che la morte è la caduta totale dell'uomo nel nulla, che la vita dell'uomo, con la sua esistenza e con i suoi progetti per il futuro, è un assurdo: «è assurdo che siamo nati ed è assurdo che moriamo» ... «per questo la vita provoca la nausea»[50]. Almeno Sartre è logico nell'affermare che senza speranza in una vita dopo la vita terrena la vita è un non-senso.

Ma tutti sappiamo che l'uomo ha un profondo atteggiamento naturale di speranza che consente all'«io»-personale di avere un senso ed una speranza in tutta la vita umana. Questa riflessione sulla morte ci fa vedere come la vita umana è speranza trascendente di senso: una vita di speranza-sperante totalmente aperta verso l'oltre della morte.

Tutte le risposte alla realtà della morte che non trascendano la vita non possono essere valide perché non si aprono ad una speranza-sperante.[51] La speranza-sperante è un dono che ci fa vedere la morte come apertura possibile alla vita. Vi deve essere qualcuno capace di dare questa vita oltre la morte: è la risposta dell'uomo all'atto salvifico di Dio, è un modo di credere e di vivere come una fede che spera nell'apertura al futuro.

La speranza-sperante è essenziale all'uomo e deve essere fondata su una realtà trascendente che solo Dio può accordare come speranza ultima.[52] È soltanto con una realtà completamente trascendente che si può dare senso alla vita; questa realtà trascendente nel nostro linguaggio umano si chiama Dio[53].

Ancora una volta, non si tratta qui di una «dimostrazione» razionale concreta, ma di una «mostrazione» coerente e logica. Questo

---

[50] Cf. SARTRE, J. P., *L'Être et le néant*, Éditions Gallimard, Paris, 1943, pp. 302, 591, 662; *La nausée*, Éditions Gallimard, Paris, 1938, pp. 172-173,

[51] Cf. *Dal problema dell'uomo,* p. 256.

[52] Cf. *Dal problema dell'uomo,* p. 257.

[53] «Questo Dio non è, però, soltante il termine dello sperare umano, ma anche la sua origine». CAUTILLI, G., Oltre l'orizzonte, p. 147.

perché una «dimostrazione» scientifica e razionale renderebbe assurda l'opzione per la speranza; «sarebbe attesa, ma non speranza (V. Jankelevitch)»[54].

1.6 *La storia*

L'uomo è chiamato a divenire più uomo facendo storia nella sua relazione cosciente con il mondo e con gli altri. La storia è l'opera per eccellenza dell'uomo che si trova libero di riflettere sulla natura e su se stesso. L'uomo vive nella storia ed ha la capacità di trasformare la storia; ciò significa che non vi è soltanto un susseguirsi del tempo ma anche una responsabilità dell'uomo circa questa trasformazione. È compito dell'uomo riempire il tempo di senso. La vita dell'uomo si inserisce nel tempo, mettendo in relazione il passato, il presente e il futuro. Si tratta di un processo di crescita della persona perché è nella storia che l'uomo vive le proprie relazioni. Questa storia è qualcosa che l'uomo crea, nella sua libertà di pensare, dando luogo, così, ad un divenire storico.[55] L'uomo, nel suo essere libero, è responsabile del presente ma anche del futuro. Nella sua libertà può cambiare la storia per costruire il futuro: per questo è fondamentale che si apra alla comunità, perché è in essa che la storia è trasmessa come anche interpretata.

La continuità della vita umana non si trova negli eventi storici oggettivamente creati dall'uomo nella natura ma nella soggettività delle relazioni interpersonali unendo il passato, il presente e il futuro. È la trasmissione viva delle esperienze personali alla comunità che da una continuità al divenire storico. Questa viene dal fatto che l'uomo, nella

---

[54] *Dal problema dell'uomo,* p. 257.

[55] «il divenire della natura non è cosciente di se stesso: è un mero divenire, che non conosce se stesso e che è conosciuto solamente dall'uomo: coscienza e libertà sono l'origine del divenire storico». JASPERS, K., *Origine e senso della storia*, Ed. Di Comunità, Milano, 1965, pp. 292.300-302.

sua libertà, ha una apertura naturale verso il futuro. Una apertura e una fiducia nel futuro che è la fonte del divenire storico dell'uomo che possiamo chiamare speranza-sperante.[56]

Il divenire storico è il motivo per cui i morti sono importanti per noi vivi; essi sono stati portati via dalla nostra vita ma noi continuiamo ad essere legati a loro per una questione ontologica. Il divenire storico non è dunque soltanto un comportamento temporale ma è l'umanità che cammina verso il non-ancora. È la solidarietà degli uomini fra di loro che si manifesta nella speranza-sperante e lo spinge ad andare avanti verso il futuro nonostante il fallimento della morte.

In tutte le scienze naturali, come per esempio nello sviluppo della tecnologia e della medicina, ci sono dei risultati positivi per l'uomo nel suo cammino verso il divenire storico. Il progresso scientifico è allora utile, è necessario per aiutare la vita dell'uomo nelle sue diverse forme di miglioramento oggettivabile.

Anche nelle scienze umane possiamo vedere molti aspetti positivi per l'uomo nello sviluppo soggettivo della cultura, dell'arte, della musica e delle conoscenze letteraria.

Ma dove l'uomo si fa più uomo, è quando si chiede quale sia il problema ultimo del senso della sua vita. È l'aspetto specifico del proprio divenire storico. Come la speranza dell'uomo tende sempre al di là di ogni obiettivo concreto ottenuto, il problema del futuro dell'uomo è un problema escatologico. Se la speranza dell'uomo perdesse la sua trascendenza sulle cose concrete, non ci sarebbe più storia, perché fare storia è sperare oltre il visibile concreto e verificabile.

Nella storia della filosofia ci sono due risposte al problema del divenire storico: si tratta di risposte diverse ed in contrasto tra di loro.

---

[56] Cf. *Dal problema dell'uomo*, p. 263.

La prima proposta è di Marx e di Bloch, entrambi sostengono che il senso del divenire storico è un cammino verso «la pienezza immanente definitiva nell'identità futura tra l'uomo e la natura da lui trasformata: la Patria dell'Identità».[57]

La seconda risposta è di Nietzsche e Garaudy i quali sostengono che «il divenire storico non tende a un futuro ultimo definitivo: è un divenire mai finito... senza nessuna tappa finale, né di pienezza né di estinzione».[58]

Queste due risposte circa il divenire storico, secondo Alfaro, non hanno senso perché la prima riduce il divenire storico ad una forma di servizio che non prende in considerazione gli aspetti negativi del progresso umano quali ad esempio la minaccia terrificante della potenza nucleare sufficiente ad annientare l'umanità, la seconda perché non va oltre se stessa e non ha pertanto nessuna finalità oggettiva ed è chiaramente priva di senso.

L'unica soluzione alla problematica del divenire storico sarebbe, secondo Alfaro, «metastorica». «La storia è in se stessa aperta a un avvenire "metastorico", assoluto e trascendente la storia».[59] Poichè la speranza dell'uomo è una realtà vissuta, che trascende l'io personale aperta oltre se stessa, non può essere ridotta allora a un semplice sperare per sperare. La speranza-sperante mostra il futuro trascendente che non può essere una opera meramente umana ma Divina. Il futuro non può essere altro che assoluto e trascendente pertanto l'uomo deve avere il coraggio dell'opzione di senso chiamata Dio. Non una «dimostrazione» razionale ma una «mostrazione» dell'esistenza di Dio deve legittimare la decisione dell'opzione. La speranza-sperante lancia

---

[57] BLOCH, E., *Dialettica e speranza*, Vallecchi, Firenze 1967, p. 162; cit. in *Dal problema dell'uomo*, p. 270.

[58] *Dal problema dell'uomo*, p. 270.

[59] *Dal problema dell'uomo*, p. 271.

dunque l'uomo verso il futuro ed offre la possibilità di guardare alla vita come a qualcosa che ha un senso, un progetto, che rende possibile un'apertura verso il futuro, verso Dio.[60]

1.7 *Cristo come risposta ultima alla ricerca sul senso della vita dell'uomo*

Nella prima parte del suo libro Alfaro affronta il problema dell'uomo in una prospettiva globale ed esistenziale come presente in ogni azione umana, poi si pone degli interrogativi che scaturiscono dalla fenomenologia delle situazioni le quali hanno a che fare con l'uomo che vive in relazione con l'«io-tu» e l'«io-esso». In questa ricerca sul senso ultimo dell'esistenza dell'uomo Alfaro ha analizzato la relazione dell'uomo con il mondo, gli altri, la morte e la storia. Abbiamo visto come il problema di Dio scaturisce dall'esperienza del senso della vita umana. L'uomo non può vivere senza interrogarsi sul perché della sua vita ed in tal senso il problema di Dio sarà sempre il problema ultimo. Il problema di Dio è dunque posteriore alla realtà vissuta e necessita di coraggio e sincerità, come è necessario coraggio e forza per affrontare i problemi ultimi della vita. Il «tendere sempre oltre»[61] è impegnativo ma dà senso alla vita perché il problema di Dio non nasce dal non-senso ma dell'esistenza stessa dell'uomo.

Nel mondo di oggi in cui è in atto una crisi del senso esistenziale, della metafisica e del soprannaturale la questione del senso della vita, molto presente nella storia antica, riemerge[62] ed Alfaro cerca di dare

---

[60] Cf. *Dal problema dell'uomo,* p. 273.

[61] *Dal problema dell'uomo,* p. 285.

[62] «Più l'uomo conosce la realtà e il mondo e più conosce se stesso nella sua unicità, mentre gli diventa sempre più impellente la domanda sul senso delle cose e della sua stessa esistenza». *Fides et Ratio*, 1. «Tutte le sette, le nuove religioni della New Age sono il sintomo del bisogno di un Dio tascabile. Non è una società centrata su Dio, ma c'è bisogno di un surrogato di salvezza.» NATOLI, S., «Cristianesimo tra secolarizzazione e neopaganesimo», *Rivista di scienze religiose*, 1999, p. 153.

una risposta audace a questi nuovi interrogativi dell'umanità. Egli ha in qualche modo anticipato la futura enciclica *Fides et Ratio* nella quale Giovanni Paolo II incoraggia l'uomo a chiedersi se Dio esiste e se la vita ha un senso. «Conosci te Stesso»[63] è il titolo dell'introduzione dell'enciclica nella quale il papa invita ad avere passione per le verità ultime perché se l'uomo non pone queste domande, la sua esistenza diventa priva di principi e ed egli ne rimane demoralizzato.[64] L'uomo è per natura aperto alla trascendenza, perché è aperto alle domande esistenziali; l'uomo di oggi è molto cosciente di se stesso e della propria libertà; a partire dalla ricerca di come dare senso alla propria vita, egli è spinto ad un atteggiamento di apertura e di fiducia verso se stesso e verso Dio.

Non possiamo parlare, tuttavia, soltanto del «senso della vita per me» ma dobbiamo parlare del «senso della vita in sé». Molti movimenti e capi totalitaristi erano sinceri ed i loro proposti avevano senso per loro ma la verità è più importante della sincerità. La verità è il «senso in sé» e questo deve diventare il «senso per me».

L'uomo non può operare come uomo senza la convinzione che la sua vita e la sua azione abbia senso. Ma come cercare il senso della vita? Semplicemente aprendo gli occhi e allargando la mente alla realtà della vita umana, come Alfaro cercò di fare. La prima realtà della vita è quella secondo cui l'uomo ha il desiderio di conoscere se stesso.

Il problema di Dio potrà essere spiegato solo dopo quello sul senso ultimo della vita dell'uomo, *a posteriori*, dunque, solo dopo la verifica degli interrogativi sulla penetrazione della realtà della vita,

---

[63] *Fides et Ratio*, 1.

[64] Cf. *Fides et Ratio*, 56: «Non posso non incoraggiare i filosofi, cristiani o meno, ad avere fiducia nelle capacità della ragione umana e a non prefiggersi mete troppo modeste nel loro filosofare. Avere l'audacia di scoprire nuovi percorsi. È la fede che provoca la ragione a uscire da ogni isolamento».

perchè il problema di Dio non nasce dal non-senso ma dal buon-senso dell'esistenza umana.[65]

1.7.1 L'apertura dell'uomo prefigura un comportamento di fede

La realtà della morte per l'uomo impone di per sé il problema del senso ultimo dell'esistenza umana e fa nascere un dilemma: la morte è l'annientamento della persona umana o un dono di una vita nuova?[66]

L'uomo ha in sé una capacità trascendente di speranza-sperante nel suo «tendere sempre oltre» per rispondere a questo interrogativo e tale capacità si chiama Dio; l'uomo è dunque naturalmente orientato verso Dio. È nel suo «essere responsabile» aperto a una eventuale rivelazione di Dio.

L'uomo dunque può incontrare Dio solo nell'opzione fondamentale della sua libertà di speranza. Una speranza-sperante aperta alla «grazia dell'autodonazione e autorivelazione di Dio».[67] Che egli sia responsabile di fronte alla sua libertà vuol dire essere aperto ad ascoltare e accogliere e speranza-sperante, vuol dire apertura alla grazia e alla gratuità dell'autocomunicazione. Questo atteggiamento spirituale responsabilmente fiducioso «prefigura» un comportamento di fede come una «risposta dell'uomo all'autorivelazione di Dio in Cristo nella storia di Gesù di Nazareth».[68] Ma, dal momento che Dio è il mistero assoluto che non è possibile «dimostrare» ma solo si «mostra», l'uomo potrà dunque incontrarlo soltanto se è disposto ad invocarlo, adorarlo, sperare in Lui in un atteggiamento di fiduciosa speranza-sperante.

---

[65] Cf. *Dal problema dell'uomo,* p. 285.
[66] Cf. *Dal problema dell'uomo,* p. 105-106.
[67] *Dal problema dell'uomo,* p. 289.
[68] *Dal problema dell'uomo,* p. 290.

2. «Speranza cristiana e liberazione dell'uomo»

Secondo il nostro autore, una buona parte della teologia cattolica dell'epoca della neoscolastica come di quella contemporanea hanno trascurato di prendere la conoscenza biblica nel suo insieme per fare ricerche sulle questioni relative all'uomo ed a Dio. Per superare una tale realtà che rende povera la teologia, Alfaro propone di fare uno studio completo sulla dimensione della speranza cristiana coinvolgendo la fede e la carità nonché tenendo conto dell'aspetto biblico come anche di quello antropologico e trascendentale.[69]

Poiché l'uomo di oggi è totalmente travolto dalla società dei consumi, dove l'immediato e il concreto fanno dimenticare il futuro, la questione della speranza cristiana diventa un tema fondamentale e urgente. Nonostante la presunta grande indifferenza apparente di fronte alla questione fondamentale della vita dell'uomo, le domande: Chi sono io? Da dove vengo? Dove vado? Sono sempre di grande attualità per l'umanità perché nascono dalla sua stessa coscienza. Senza speranza, l'uomo può avere la tentazione di pensare che la vita sia priva di senso e così cadere nella tentazione della disperazione.

2.1 *La riflessione antropologica della speranza e della fede cristiana*

Anzitutto, la teologia della speranza deve partire da una riflessione antropologica per scoprire se ci sono delle connessioni fra l'esistenza dell'uomo e il suo sentimento di speranza. In un'opera intitolata «Speranza cristiana e liberazione dell'uomo»,[70] Alfaro propone di verificare se la speranza è una cosa secondaria per l'uomo o se è intimamente legata ad esso, in quanto parte dal suo essere e dalla sua vita

[69] Cf. ALFARO, J., *Speranza cristiana e liberazione dell'uomo* (1971), tr. it. Queriniana, Brescia, 1972, p. 7.

[70] Titolo originale pubblicata nel 1971: *Esperanza cristiana y liberación del hombre*.

in queste diverse dimensioni fondamentali: la coscienza, la libertà, la storicità ed i rapporti con gli altri e il mondo.

Prima di tutto, dobbiamo vedere che la coscienza è l'aspetto totalmente originale dell'esistenza umana. È dove l'uomo fa l'esperienza interiore del suo essere come anche del suo non-essere, della propria finitezza e del proprio limite. La coscienza comporta anche una esperienza di separazione e di tensione fra l'essere e il non-essere perché essenzialmente uno «spirito-finito».[71] In questa unione inseparabile fra l'essere e il limite dell'essere, l'uomo si rende consapevole della sua corporalità finita e del suo spirito in quanto realtà condizionata al suo corpo. Si tratta della tensione che lo stimola verso il futuro per diventare più se stesso nei suoi progetti e aspirazioni. L'uomo si sente chiamato al futuro perché la sua coscienza è chiamata alla speranza.[72] Per questo l'esistenza dell'uomo è vivere come un «essere-in-speranza» nella dialettica tra essere e farsi.[73] Senza la speranza di realizzarsi e di andare verso il futuro nonostante i fallimenti, l'uomo rimarrebbe paralizzato nella sua libertà di prendere delle decisioni su se stesso e sugli altri. La realtà del peccato mette l'uomo di fronte alla sua debolezza e prefigura la sua eventuale perdizione.[74] Soltanto con una esperienza constante di profonda speranza interiore l'uomo può superare la propria realtà di peccatore camminando verso un eventuale e apparente fallimento e guardare verso la vita e la morte con fiducia.

Il mondo è il luogo dove l'uomo può esercitare la sua libertà pro nel perfezionarlo; in esso diventa cosciente di se stesso, diventa se stesso

---

[71] *Speranza cristiana*, p. 15.

[72] Cf. MARCEL, G., *Homo viator*, Paris, 1944, pp. 32, 63, 67, 91; LAIN ENTRALGO, P., *La espera y la esperanza*, Madrid, 1958, pp. 539-569; cit. in *Speranza cristiana*, p. 15.

[73] Cf. *Speranza cristiana*, p. 14.

[74] Secondo Alfaro ci sono due livelli di peccati, uno antropologico dove l'uomo disfigura la sua umanità perché manca di fiducia nell'uomo e nei suoi valori, e l'atro divino dove l'uomo manca di fiducia nella Grazia e nell'amore di Dio e dunque si aliena del suo Creatore. Cf. *Speranza cristiana*, pp. 31, 32, 41.

nel rapporto con gli altri e nel realizzare una missione che coinvolga la sua libertà. Il suo compito di trasformare il mondo non è mai raggiunto completamente perché sempre insufficiente con riguardo alla sua coscienza. Ogni obiettivo ottenuto è superato al momento raggiunto. La sua speranza non è mai soddisfatta oggettivamente tanto che è sempre necessario sperare in qualcosa di migliore. La speranza deve incessantemente oltrepassare gli obiettivi raggiunti perché «la speranza è ottimismo consapevole»[75]. In tale esperienza l'uomo si rende conto che la sua speranza è fondata sull'illimitatezza del suo spirito e trascende la realtà del mondo. Il desiderio di trasformare il mondo per un avvenire migliore coinvolge anche gli altri. Per avanzare verso una completezza personale, l'uomo deve ammettere la partecipazione del «noi» che coinvolga l'«io» e il «tu» nello stesso piano di valore. È il carattere comunitario della realtà del mondo dove per sperare per sé si deve anche sperare per gli altri, cioè, per noi. Poiché tutti sono coinvolti nella trasformazione del mondo, l'avvenire è dunque anche comune per tutti, perché dice il nostro autore: «comunione di futuro significa comunione di speranza».[76]

La morte interpella l'uomo a pensare riguardo al proprio futuro perché è un avvenimento inevitabile e finale della vita. È una minaccia permanente per la coscienza dell'uomo perché ricorda costantemente la sua fragilità e finitezza. Purtroppo, l'uomo moderno vive la sua vita come se la morte non esistesse e cerca di dimenticarla non rendendosi conto che ignorando e banalizzando la morte si banalizza anche la vita. Ma è proprio nella morte che l'uomo si rende conto del suo grande desiderio di vivere. Questo desiderio di vivere dopo la morte è l'«io» che non vuole scomparire nel nulla. È l'«io» che vuole rimanere se

---

[75] CAUTILLI, G., Oltre l'orizzonte, p. 6.

[76] *Speranza cristiana*, p. 17.

stesso anche dopo la morte. Se dopo la morte c'è il nulla, la vita allora è una camminata verso il nulla e non ha senso. La vita è una illusione, una «passione inutile» dove «è un assurdo che siamo nati ed è un assurdo che moriamo».[77] Ma se l'uomo vede la morte come la fine di tutto, e se ha paura di morire, è perché vuole vivere. Vuole vivere anche dopo la morte. Questa aspirazione di vivere per sempre rivela come l'essere dell'uomo è chiamato alla speranza. La morte rivela nella coscienza dell'uomo il suo desiderio di continuare a vivere anche dopo la morte. Lo rende cosciente che deve sperare in una nuova vita, un nuovo essere che egli stesso non può creare perché non si è creato nel mondo. Essa lo mette allora di fronte all'opzione di chiudersi in se stesso e nella sua esistenza nel mondo o di aprirsi audacemente in un futuro trascendente in cui la vita abbia un senso. Per dare un senso alla vita l'uomo deve scegliere di aprirsi alla speranza totale e trascendentale senza nessuna riserva, altrimenti, la morte non sarà più una «situazione-limite»[78] della vita ma diventerà una «situazione-inutile» dell'esistenza. Come «spirito-incarnato» l'uomo è dunque chiamato a fare continuamente una scelta nella sua esistenza fra l'attitudine di sperare o non-sperare.

Nel suo compito di trasformare il mondo, l'uomo crea la storia e il suo futuro in una relazione «umanità-mondo». Il mondo esiste per l'uomo e l'uomo vive nel mondo. È in questa relazione «uomo-mondo» che la trascendenza dovrà manifestarsi più esplicitamente. Qual è il significato ultimo dell'umanità? Qual è il senso della relazione fra l'uomo e il mondo? Qual è il futuro di entrambi e cosa è il passato? Nella filosofia contemporanea, è stato soprattutto Bloch che

---

[77] SARTRE, J. P., *L'Etre et le Néant*, Éditions Gallimard, Paris, 1943, pp. 591, 662; cit. in *Speranza cristiana*, p. 19.

[78] JASPERS, K., *Philosophie* II, Berlin, 1932, pp. 203-228; MARCEL, G., *Du refus à l'invocation*, Gallimard, Paris, 1940, pp. 284-325; cit. in *Speranza cristiana*, p. 20.

ha studiato il problema del futuro dell'uomo.[79] Secondo Bloch, il futuro della storia sarà la pienezza concreta «uomo-mondo trasformato dall'uomo» in un equilibrio tra una natura umanizzata e gli altri uomini. Un mondo dove la speranza sostiene l'azione dell'uomo nel mondo nel suo desiderio di fare dello stesso una pienezza dell'esistenza umana. Per Bloch, non c'è in questo «regnum humanum» un avvenire trascendente fra l'uomo e Dio. La speranza dell'umanità invece si trova nell'azione di trasformare il mondo per poi concludersi permanentemente nella dimensione materiale del mondo.[80] Nonostante il merito di avere capito l'importanza della speranza per l'uomo, nella sua attività di trasformare il mondo, questa ultima conclusione di Bloch è tuttavia molto insufficiente. Il giorno in cui il mondo non offrisse più nessuna sfida per l'uomo, egli perderebbe per esso ogni interesse. Il mondo diventerebbe noioso e monotono perché l'uomo non avrebbe più niente da cercare e sperare.

Come abbiamo visto, l'uomo è chiamato alla speranza nel suo essere personale cosciente del suo «io» individuale come anche nelle sue relazioni con gli altri «tu», con il mondo «noi», e con la storia. La disperazione dell'uomo viene quando egli respinge questa chiamata fondamentale del suo essere. «Che debbo fare?», «Che posso sperare?» sono domande fondamentali della vita umana già enunciata da Kant.[81] Ogni uomo deve scegliere fra l'apertura verso la pienezza dei suoi desideri (pienezza che il mondo non può soddisfare) e la chiusura di mantenersi nei confini delle sue speranze terrene. Un atteggiamento dove l'uomo può vedere la vita come una pienezza che è un dono o al contrario dove in essa non c'è pienezza perché diventa una realizza-

---

[79] BLOCH, E., *Das Prinzip Hoffnung*, tr. fr. *Le Principe Espérance*, I, II, III, Éditions Gallimard, 1991.
[80] Cf. *Le Principe Espérance*, I, pp. 13-14, 19, 120. *Speranza cristiana*, p. 23.
[81] KANT, E., *Logique*, Paris, Vrin, 1966, p. 25.

zione di un essere autonomo e insoddisfatto. Questa apertura iniziale dell'uomo alla speranza non è quella cristiana ma fa parte dell'antropologia umana. Come antropologicamente aspira per essere sempre più-se-stesso e dunque vuole liberarsi dal peccato e dalla morte, l'uomo è naturalmente aperto alla chiamata trascendentale di sperare in Cristo. La tensione fra l'illimitatezza delle aspirazioni del suo spirito e la limitatezza della sua condizione creaturale crea la possibilità per l'uomo di essere aperto alla Grazia di Cristo chiamandolo alla speranza della sua salvezza come anche alla salvezza degli altri e del mondo.

2.2 *La speranza e la fede nella Bibbia*

Come abbiamo menzionato anteriormente, per Alfaro non si può parlare di teologia senza fare anzitutto riferimento alla Bibbia. È infatti nella Sacra Scrittura che troviamo il fondamento trascendentale dell'atto della fede e della speranza. Sia nell'Antico che nel Nuovo Testamento la fede è sempre coinvolta nella storia della relazione fra l'uomo e Dio. È così, a partire dalla riflessione biblica, che ha sempre inizio l'indagine teologica di Alfaro.

Nell'Antico Testamento, ad esempio, la fede è presentata come un'attitudine dell'uomo che orienta tutta la propria esistenza nella fiducia e sottomissione a *Yahvé* esigiti dall'Alleanza e dalla promessa di Dio (Es 14,31; Nb 14,11). È una obbedienza ai comandamenti di Dio e una fiducia nelle sue promesse che implica una comprensione del piano salvifico di Dio.[82] I profeti predicano un solo Dio e questo Dio dell'alleanza si rivela come l'unico Salvatore d'Israele. Il monoteismo diventa allora per Israele una vera professione di fede: «solo *Jahvé* è

[82] Cf. ALFARO, *Fede*, in Sacramentum Mundi, III, Brescia, 1975, pp. 730-731.

Dio, perché egli solo salva» (Is 43,10 ss.).[83] La fede è anzitutto un attributo di Dio, il quale è fedele alla sua promessa: tale concetto è espresso nella Scrittura attraverso la parola ebraica *emunah*, che rivela il senso dell'onestà o della lealtà, usata per qualificare in modo specifico l'attitudine che Dio ha nella sua relazione con l'uomo.[84] La fedeltà di Dio nei confronti dell'uomo si manifesta nell'Alleanza, nell'ambito della quale l'uomo deve accettare e rispondere alla parola e promessa di Dio. L'atteggiamento di assenso che l'uomo ha di fronte alla manifestazione di Dio definisce la fede umana.

Il grande modello (forse il primo) della fede nell'Antico Testamento è soprattutto Abramo (Gen 15,6) che ha ascoltato e ha fatto tutto quello che voleva Dio (Gen 12,1-3). Nonostante la difficoltà ed apparente impossibilità di quanto richiestogli da Dio, Abramo ha sempre saputo mantenere una fiducia filiale anche se il desiderio di Dio poteva apparire impossibile. Ad esempio, il venerabile Patriarca ha creduto a Dio quando gli ha detto che gli sarebbe nato un figlio da Sarah malgrado l'età avanzata di quest'ultima (Gen 18,12). Anche dopo la nascita di Isacco Abramo obbedisce alla richiesta di Dio ed offre suo figlio in olocausto sul monte Moria (Gen 22,1-19). Per S. Ireneo di Leone, Abramo è il padre di tutti quelli che credono (patriarca della fede) perché è stato il primo ad avere fiducia e a seguire l'appello di Dio.[85] Nella sua generosità di credere liberamente, senza ritenere niente per se stesso, Abramo è diventato così un amico di Dio[86]

La fedeltà e la fiducia sono cose spesso tra loro collegate come risposte umane adeguate alla manifestazione misericordiosa di Dio. Vediamo ancora un altro esempio in questo brano di salmo:

---

[83] *Fede*, p. 731.
[84] Cf. DULLES, A., *The Assurance of Things Hoped For*, Oxford, New York, 1994, p. 7.
[85] IRENEO DI LEONE, *Adversus haereses*, IV,21,1.
[86] Cf. *The Assurance of Things Hoped For*, p. 20.

«Di Davide. Signore, fammi giustizia: nell'integrità ho camminato, confido nel Signore, non potrò vacillare. Scrutami, Signore, e mettimi alla prova, raffinami al fuoco il cuore e la mente. La tua bontà è davanti ai miei occhi e nella tua verità dirigo i miei passi» (Sal 26,1-3).

Nell'Antico Testamento la fede si esplicita dunque nell'atteggiamento di «appoggiarsi a Dio» (credere a Dio).[87] È un'attività o un atteggiamento che manifesta uno spirito filiale nell'uomo che si abbandona con fiducia e fedeltà alla parola e alla volontà di Dio.

Nel Nuovo Testamento, invece, si assiste ad uno sviluppo della definizione della parola «fede»; la fede non è soltanto un'attività ma diventa anche una convinzione, una credenza[88] a una verità, una dottrina o a un insegnamento. Con la morte e la risurrezione di Gesù, la fede per la chiesa primitiva si riassume in credere che Gesù è risorto perché è il Signore, è il Salvatore annunciato degli profeti. Per S. Paolo, credere volle dire accettare la risurrezione di Gesù e il suo messaggio salvifico (Rom 10,9). Con la fede l'uomo cammina verso la verità e la speranza della salvezza perché il Vangelo è «parola della verità» (Ef 1,13).[89]

La parola *pistis*, che non si trova nella versione greca dell'Antico Testamento, diventa centrale nel Nuovo Testamento. Soltanto il suo riferimento numerico (240 volte circa) ci da una buona idea della sua centralità nella teologia del Nuovo Testamento.[90] Nel suo senso proprio *pistis* indica l'atto di credere, ma è anche utilizzato nel Nuovo

---

[87] ALFARO, J., *La fede come dedizione personale dell'uomo a Dio e come accettazione del messaggio cristiano*, in Concilium, 1967, p. 67; ALFARO, J., *Rivelazione cristiana, fede e teologia*, Queriniana, Brescia, 1986, pp. 94-95.

[88] Cf. *The Assurance of Things Hoped For*, pp. 10-15.

[89] *Fede*, p. 731.

[90] Cf. FISICHELLA, R., *La Rivelazione: evento e credibilità*, Saggio di teologia fondamentale, Bologna 2007, p. 184.

Testamento per indicare il messaggio creduto.[91] La fede o il credere in Gesù diventa una condizione sufficiente per la salvezza se l'uomo risponde a questo atto con l'impegno di tutta la sua vita.

Secondo i sinottici, la fede in Gesù è sufficiente per la salvezza (Mc 1,15; Mt 10,32-33; Lc 7,50) e una condizione per i miracoli (Mt 9, 28-30). Per S. Giovanni, la fede implica anche lo sforzo necessario per avvicinarsi a Gesù (13,35; 17,20; 15,8). Essa non è più soltanto una risposta di fronte alle necessità del momento piuttosto una decisione per andare verso la vita eterna. La fede, in S. Giovanni, è un processo dinamico e non soltanto una condizione; essa diventa così un assenso ad un messaggio al quale dobbiamo donare tutta la nostra esistenza[92] nello sviluppo delle tre virtù teologali della fede, della speranza e della carità. È una accettazione della sua testimonianza (Gv 3,31-36) e del suo insegnamento, mettendoli entrambi in pratica (2Gv 7-11) perché per essere cristiano si deve vedere e accettare il mistero della morte e della risurrezione di Cristo come un evento vero e salvifico (At 16,31).[93]

Alfaro osserva che S. Paolo riassume l'esistenza cristiana nei concetti di fede, speranza e carità.[94]

- fede nella Risurrezione di Cristo;
- speranza nella salvezza futura;
- amore di Cristo per gli uomini che si manifesta concretamente nell'aiutare gli altri.

Fede, speranza e la carità sono tre diversi aspetti della vita del cristiano intimamente uniti nell'essere dell'uomo. Perché è nella Morte di Cristo che Dio ha dimostrato il suo amore per noi. Questo avveni-

---

[91] Cf. *La fede come dedizione personale*, 68; Cf. *The Assurance of Things Hoped For*, p. 22.

[92] Cf. ALFARO, J., *Foi et existence*, in Nouvelle Revue Théologique, Tome 90, juin-juillet 1968, p. 561.

[93] Cf. *Fede*, p. 731.

[94] Cf. *Speranza cristiana*, p. 33.

mento insieme con la Risurrezione di Cristo è il fondamento della speranza illimitata dei cristiani.

2.2.1 L'avvenimento della Morte e della Risurrezione di Cristo come fondamento della speranza

Lo studio della fede in Alfaro si svolge soprattutto intorno alla speranza cristiana come atto totale dell'uomo di avere fiducia in Dio,[95] perché ci ha dato il proprio figlio, Gesù Cristo, morto per noi. È proprio nella morte del Cristo che si manifesta tutto l'amore di Dio per gli uomini. È in questo evento salvifico della morte e della risurrezione di Gesù che nasce la fede nella Chiesa. In esso si rivela tutto l'amore di Dio che «ha tanto amato il mondo da dare il suo Figlio unigenito» (Gv 3,16). Questa verità è stata anche ricordata dal Concilio Vaticano II: «Con l'incarnazione il Figlio di Dio si è unito in certo modo ad ogni uomo».[96]

Per salvarsi, l'uomo deve partecipare e aderire all'evento salvifico di Cristo con una fede che accetta la verità del messaggio della rivelazione. È un atteggiamento di assenso conoscitivo della realtà salvifica di Cristo. La morte e la risurrezione di Cristo sono una realtà *in sé* per cosi essere anche una realtà *per me*.[97] «Se Cristo non è risuscitato, allora è vana la nostra predicazione ed è vana anche la vostra fede» (1Cor 14). Senza questa realtà della risurrezione di Cristo la fede rimane allora senza oggetto e diventa semplicemente soggettiva. L'assenso intellettuale è l'unico modo di cogliere il messaggio di Cri-

---

[95] Cf. *Speranza cristiana*, p. 63; *Foi et existence*, pp. 562.336. Sant'Alfonso Maria de Liguori ricorda nel suo libro *Storia delle eresie* (1768) che il Concilio di Trento aveva segnalata l'espressione «speranza-fiducia» come l'aspetto essenziale dalla conversione del peccatore: «...in spem eriguntur, fidentes Deum sibi propter Christum propitiumi fore...». LIGUORI, ALPHONSUS M., *The History of Heresies*, Dublin, Published by James Duffy, 1847, p. 336; DENZINGER, H., *Enchiridion Symbolorum et Definitionum*, Wirceburgi, 1854, p. 171 (Dz-798).

[96] CONCILIO VATICANO II, Costituzione pastorale sulla Chiesa nel mondo contemporaneo *Gaudium et spes*, 22.

[97] Cf. *Fede*, p. 732.

sto nella sua dimensione reale perché il messaggio è stato espresso al mondo in un linguaggio umano. Tuttavia, questo aspetto intellettuale della fede non può essere separata dalla sua dimensione ecclesiale che esprime l'unità della fede nella comunità dei credenti (Ef 4,4-5). L'assenso intellettuale all'*kérygma* ecclesiale diventa così il motivo unificatore e visibile della Chiesa.[98]

L'avvenimento della Morte e della Risurrezione di Cristo è dunque per Alfaro il fondamento di una speranza illimitata (Rm 8,31-39). È su questo evento che si fonda tutta la speranza cristiana perché in esso Dio compie «in fatti e parole»[99] il suo amore totale per noi. Alfaro ricorda che S. Paolo caratterizza i gentili come coloro che non hanno la speranza (1Ts 4,13), laddove i credenti sono coloro che hanno la speranza fiduciosa in Cristo (Rm 12,12). Secondo Alfaro, I testi di S. Paolo, che esprimono con maggior forza il fondamento della speranza cristiana, si trovano in Rm 5,5-11 e 8,31-39 dove si rivela come Dio ha dimostrato il suo amore infinito per tutti gli uomini peccatori, offrendo il suo Figlio Gesù Cristo morto per noi e per la nostra salvezza.

Il punto di partenza allora dello studio sulla fede e la speranza di Alfaro parte dal suo rapporto con l'esistenza dell'uomo come «risposta totale dell'uomo al Dio della salvezza e della grazia».[100] Questo è il concetto biblico della fede che coinvolge la fiducia e la sottomissione a Dio espresso in atti di obbedienza e di amore: una vera risposta totale dell'opzione fondamentale dell'uomo.

2.3 *La speranza in Dio implica la solidarietà verso gli altri*

La speranza non esclude l'azione dell'uomo, perché confidare in Dio vuol dire amarlo in tutte le dimensioni possibili e così manifestare

---

[98] Cf. *Fede*, p. 733.
[99] CONCILIO VATICANO II, Costituzione dogmatica sulla divina rivelazione *Dei verbum*, n. 2.
[100] *Rivelazione cristiana*, p. 95.

questo amore nelle opere. La speranza cristiana è anche e soprattutto accettazione della morte e della sofferenza, un abbandono fiducioso in Dio per mezzo del quale il cristiano vince la morte.

S. Paolo concepisce la speranza come l'abbandono in Dio in cui la fiducia giunge alla sua pienezza nell'amore. Tale fiducia non è un fatto puramente personale ma ha una necessaria implicazione comunitaria perché appartiene all'intera Chiesa e ne costituisce l'unità. Il testo più importante del Nuovo Testamento, con riguardo all'aspetto comunitario della speranza, si trova secondo il nostro autore in Ef 4,4-6. La speranza è infatti la solidarietà di tutti nello stesso Corpo che è la Chiesa: «vivendo una stessa vita, ricevuta da Cristo, e solidali fra di loro, costituiscono l'unità del Corpo di Cristo» perché c'è «un solo Signore», Cristo (Ef 4,5)[101]. È la speranza di ciascuno per tutti, come afferma S. Tommaso quando dice che la salvezza degli altri si fonda sull'amore per gli altri.[102] Si tratta, per altro, di una tesi pienamente conforme con quanto affermato nel Concilio Vaticano II, che ha presentato l'amore di Dio come inseparabilmente unito all'amore del prossimo.

Una salvezza privata deve ritenersi pertanto esclusa, perché il cristiano non può sperare nella propria salvezza personale se non anche sperando e pregando per la salvezza degli altri. Un comportamento privato e individualistico della propria salvezza, fuggendo davanti alla responsabilità per l'insieme, rimane così escluso come lo ricorda Benedetto XVI nella sua enciclica *Spe Salvi*.[103] L'amore di Dio e l'amore per il prossimo sono inseparabili. La speranza cristiana deve essere

---

[101] Anche secondo il Concilio Vaticano II, la Chiesa è «costituito da Cristo per una comunione di vita, di carità e di verità, è pure da lui assunto ad essere strumento della redenzione di tutti.» Costituzione dogmatica sulla chiesa *Lumen gentium* 9.

[102] Cf. TOMMASO D'AQUINO, *Summa Teologica*, II. II, q. 17, a. 3; q. 25, a. 1, 12; q. 26, a. 4.

[103] «la salvezza è stata sempre considerata come una realtà comunitaria.» BENEDETTO XVI, Lettere enciclica *Spe Salvi*, 2007, 14.

vista come una risposta totale all'amore illimitato di Dio mediante Cristo per tutta l'umanità. Come l'amore-fiducia in Dio è l'espressione più profonda della speranza cristiana nel suo senso personale, l'amore per gli altri uomini è lo spirito della speranza per l'aspetto comunitario. Ciò esige l'amore del prossimo manifestato nell'impegno di trasformare il mondo. La speranza cristiana è un'autodonazione a Dio come risposta all'amore di Dio. Ma l'amore a Dio coinvolge anche l'amore per gli altri, amore di solidarietà (1Cor 13,1-13)[104] che implica, secondo Alfaro, un'azione per trasformare il mondo in una liberazione dell'uomo dalla sua autosufficienza. Si tratta di un atteggiamento filiale di fronte a Dio manifestato nell'amore verso tutti perché: «Un solo comandamento contiene tutta la legge nella sua pienezza: amerai il prossimo come te stesso» (Rm 13,8-10).

La dimensione comunitaria della speranza cristiana non sarebbe completa se non passasse attraverso l'aspetto del futuro del suo orientamento cristologico. L'escatologia dell'umanità, del mondo e della storia sono legati allo stesso destino di Cristo. La fede cristiana nella Risurrezione di Cristo è stata sempre compresa come una garanzia della salvezza che verrà nel futuro. S. Paolo insiste nel dire che la fede è nulla se Cristo non è veramente risorto (1Cor 15,14) allora quello che conta per la fede è l'evento della Risurrezione di Cristo. È il superamento della condizione creaturale dell'uomo dove c'è un passaggio dall'esistenza umana mortale, alla vita immortale di Dio. Ma la Chiesa non si ferma soltanto sulla Risurrezione di Cristo ma sottolinea anche che Egli è Signore e Figlio di Dio. Cristo è la presenza personale di Dio nella storia perché il Regno di Dio è già arrivato nella persona di Gesù (Lc 10,23-24). Quando Cristo fa qualcosa, lo fa Dio in Lui perché il Padre è in Cristo e Cristo è nel Padre (Gv 14,10-11). S.

[104] Cf. *Speranza cristiana*, p. 145.

Giovanni ci fa percepire il mistero escatologico della venuta e della Risurrezione di Cristo per la nostra salvezza nella sua Incarnazione quindi partecipando alla nostra storia. Cristo è per gli uomini la pienezza della salvezza e della grazia, essendo Colui che è rivelato da Dio. Con la sua Incarnazione, Morte e Risurrezione, Cristo è entrato nella storia dell'uomo per dare un senso alla vita mortale perché è l'evento escatologico in Se stesso. La nostra speranza cristiana si basa dunque sulla persona di Cristo perché Egli è appunto la nostra unica speranza (1Tim 1,1).

Cristo è morto e risorto per «me» e per «te» in una prospettiva del «noi» comunitaria di figli di Dio (1Gv 3,1-3). La teologia Paolina come anche quella Giovannea considerano l'Incarnazione come un atto solidale di Dio con l'umanità (Fil 2,5-9; Gv 1,14) facendo proprio il destino di Cristo salvato nella speranza (Rm 8,24; 1Gv 3,1-3). Cristo è morto, come moriranno tutti gli uomini, ma è anche risorto come «primizia» (1Cor 15,20-23) di tutti quelli che moriranno. Questa parola «primizia», utilizzata da S. Paolo, vuol dire che «Gesù è il primo di una serie»[105] che include tutta l'umanità. La vittoria di Cristo sulla morte è la vita nuova per l'umanità perché la sua vittoria è vittoria per noi. La Risurrezione di Cristo è il compimento della promessa di Dio e inizia il nuovo futuro dell'umanità assicurando la nostra speranza nella salvezza futura. Tuttavia, la pienezza della storia della salvezza dell'umanità non è ancora raggiunta perché, nonostante Cristo sta già venendo (Ap 1,4), Egli ha ancora da venire (At 1,1; 1Cor 16,22). L'esistenza e il senso ultimo della vita dell'uomo si realizza nell'Incarnazione perché rappresenta l'amore e la grazia di Dio per la sua creazione. La creazione, come manifestazione dell'amore di Dio per l'uomo, che suscita la speranza nell'aspirazione della coscienza

[105] Cf. *Speranza cristiana*, p. 132.

umana per l'infinito. L'incarnazione è l'ultima parola dell'amore di Dio per la sua creazione. Fa sua la storia della nostra esistenza così partecipa alla nostra storia che viene misericordiosamente e amorosamente assunta dalla pienezza di Dio.[106] Il futuro e la storia dell'uomo sono stati pienamente realizzati in Cristo risorto ma la venuta ultima di Cristo con la salvezza dell'umanità da tanto tempo sperata deve ancora compiersi nella vittoria definitiva di Cristo.

L'esistenza umana è sempre subordinata alla realtà del tempo e della morte ma è anche orientata verso la vita immortale nella sua partecipazione e unione con la vita divina di Cristo. La Risurrezione di Cristo ha dato un senso nuovo alla vita, al tempo dell'uomo e del mondo. Da un movimento impreciso verso un futuro sempre in realizzazione, la vita e il tempo dell'uomo si sono trasformati verso uno sviluppo di pienezza della vita futura. Il «già ora» e il «non ancora»[107] (presente: Gal 2,20; 3,26; Ef 3,17; Col 2; futuro: Rom 5,1; 6,8; Gal 5,5) di questa pienezza del futuro costituiscono il tempo della speranza cristiana dove si svolge la decisione creaturale di fronte a Dio come futuro assoluto. Senza questa pienezza cristologica, l'uomo sarà sempre in una situazione di confronto con la realtà della sua temporalità creaturale dove la ricerca di una pienezza di vita in trasformazione si trova sempre in una situazione di «farsi» indefinitamente. È in Cristo risorto che l'uomo trova il dono dello Spirito per la sua trasformazione integrale perché lo Spirito, agendo come amore potenziale di Dio, trasforma completamente il suo «cuore» che è il nucleo della sua persona. Così, da una situazione di creatura abbandonata in un mondo cattivo, scoraggiante e demoralizzante, l'uomo accede all'adozione filiale (Ef 1, 5) nel suo abbandono fiducioso all'amore e nel perdono

---

[106] Cf. *Speranza cristiana*, p. 138.
[107] *Speranza cristiana*, p. 150.

di Dio. È una vita nuova che si realizza nella fede per la speranza nella salvezza. Perché è «nella fede e nella speranza, inseparabilmente unite e suscitate dallo Spirito di Cristo, [che] vive la certezza del perdono divino».[108] Il cristiano è passato dallo stato di una creatura morta a quella con la vita eterna (Gv 5,24). Ma non soltanto il cristiano ma anche la creazione (Rm 8,19) è stata chiamata a partecipare nella gloria di Cristo per causa della sua realtà di luogo e di custodia dove si svolge la vita dell'uomo fatto all'immagine di Cristo.

Per utilizzare un linguaggio antropologico, il futuro dell'uomo e della sua storia sono attivamente preceduti nelle predisposizioni interiori, suscitate dallo Spirito, verso una pienezza di vita indicata dalla risurrezione dai morti. Fede, speranza e carità sono attributi di comunione con Cristo dove la pienezza della vita sta venendo «già ora» (Ap 1,4) nella partecipazione con la vita glorificata di Cristo. Il «non ancora» di questa salvezza completa significa il peccato e la morte quotidiana che non è stato vinto ancora da Cristo in noi e esegue allora il loro potere di distruzione. Questo «già ora» e «non ancora»[109] della salvezza è il tempo della speranza contro ogni speranza (Rm 4,18). Un tempo che non si accontenta e non si rassegna dello stato attuale di questo mondo corrotto. L'uomo vive allora in uno stato di tensione costante fra il rischio del proprio fallimento e la fiducia nella promessa di Dio.

2.4 *La speranza è una profonda amicizia fra il creatore e la creatura*

La profonda relazione interpersonale fra la creatura e il suo creatore non si manifesta in una speranza di semplice attesa dell'uomo verso Dio ma si trova soprattutto nel suo atteggiamento di fiducia. Essa è

---

[108] *Speranza cristiana*, p. 144.
[109] *Speranza cristiana*, p. 137.

l'atteggiamento dell'uomo che ha il coraggio di abbandonarsi al mistero della promessa di Dio. È un lasciarsi guidare da Dio ma anche avere l'audacia di porsi in cammino verso quel futuro indicato dalla promessa (Gen 12,1-4). La speranza cristiana è caduta in decadenza quando ha sostituito il coraggio e l'audacia per la sicurezza e la previsione del futuro.[110] Questo spirito di capitolazione di fronte alla sfida di Dio viene da una errata interpretazione della Risurrezione di Cristo. Un atteggiamento che interpreta la Risurrezione come un evento categoriale per la salvezza di tutti gli uomini. La salvezza diventa così un evento programmato del futuro effettivo per tutti. Al contrario, l'uomo non può sistemare o predire con tanta sicurezza il proprio futuro escatologico perché appunto il futuro di Dio è nelle Sue mani. Per non cadere nell'errore della futurologia o della divinazione, l'uomo deve avere uno spirito di sottomissione al Futuro trascendente di Dio rispettando la Sua libertà e il Suo giudizio divino.

In questo modo, l'uomo deve avere il coraggio e la fiducia di guardare in faccia il rischio sempre presente della sua fragile libertà dove c'è sempre la possibilità di dire «no» alla chiamata amorosa di Dio. La possibilità di dire «no» o «si» all'invito di Dio mette appunto in rilievo il rischio sempre presente per l'uomo di rispondere a Dio con un «no» verso la sua perdizione eterna. Tuttavia, c'è sempre la possibilità per l'uomo di rispondere con un «si» all'appello di Dio in uno spirito di speranza verso la salvezza.[111] Questo dialogo fra la libertà totale di Dio e quella creaturale dell'uomo dà luogo al momento più grave della storia. È dove il positivo o il negativo si ripercuote in tutta la storia come conseguenza della libertà dell'uomo. La storia diventa così un segno del rischio della vita dell'uomo fra il successo o l'insuccesso. Per que-

[110] Cf. *Speranza cristiana*, p. 163.
[111] Cf. *Speranza cristiana*, p. 163.

sto la speranza cristiana non può diventare una scappatoia di sollievo o di passività rassegnata ma esige un abbandono coraggioso e fermo nell'amore di Dio manifestato nel servizio e nell'aiuto per gli altri.[112]

Da una altra parte la fede, ci dice l'autore, non è soltanto l'accettazione e l'obbedienza ad una dottrina ma è la «realtà espressa nella dottrina» che coinvolge tutto l'uomo nella sua vita e nel suo spirito amichevole di abbandono a Dio.[113] Questo abbandonarsi con fiducia non è un aspetto secondario della fede bensì il nucleo della vera dedizione fiduciosa dell'uomo a Dio. S. Paolo assimila la fede con l'obbedienza al Vangelo (Rom 10,16). È una obbedienza libera dove l'uomo si sottomette al piano salvifico di Cristo. Anche S. Giovanni parla della fede come un atteggiamento di umiltà dove l'uomo rinuncia alla propria gloria e pieno di amore ascolta la verità che esce dalla voce interiore di Cristo (Gv 5,44; 10,26). Più che un atto, la fede è un atteggiamento che coinvolge personalmente tutta la persona in una opzione fondamentale e totale. Questo atteggiamento sorge dal più profondo della libertà dell'uomo e stringe tutta la sua persona. Come opzione fondamentale, la fede è un assenso e un consenso al messaggio di Cristo che scaturisce nella sua pienezza quando l'uomo lo mette in pratica nell'azione.[114]

Quando l'uomo crede in Dio (sarebbe il primo aspetto della fede) egli colloca la sua credenza sulla veracità di Dio (Gv 3,33). Egli confida nella sua parola e nella sua persona ritenendole come degne di fiducia, ma, allo stesso tempo, l'uomo si sottomette all'autorità della parola divina come ad una manifestazione di Dio. Si realizza in tal modo non una molteplicità di singoli atti di fede, ma una manifestazione globale dell'assenso di tutta la sua persona a Dio. Nemmeno il

---

[112] Cf. *Speranza cristiana*, p. 165.
[113] Cf. *La fede come dedizione personale*, p. 70.
[114] Cf. *Fede*, p. 742.

peccato può rompere questa fede perché implica qualcosa di più profondo della amicizia con Dio: il desiderio della salvezza e della vita eterna. È questo desiderio della vita eterna la quale fa si che la fede sia inseparabile della speranza. Senza la speranza, e una fiducia nella testimonianza di Cristo, è praticamente impossibile avere un desiderio di salvezza.[115] La fede è dunque indirizzata verso una profonda amicizia con Dio in Cristo. S. Ignazio di Antiochia frequentemente collega la fede con l'amore dicendo che essa si trova all'inizio della vita e l'amore alla fine come un frutto squisito della fede.[116] Questo amore si traduce in una vita di carità attiva con gli altri per amicizia e amore a Cristo. L'uomo peccatore è chiamato ad avere fiducia nell'amicizia di Cristo rispondendo alla sua constante chiamata di riconciliazione. I momenti di separazione, dovuti al peccato, fanno sperimentare all'uomo la sua libertà e nel ritorno all'amicizia con Dio nella riconciliazione fa crescere la sua fede. L'uomo sente allora come la libertà sia essenziale per la crescita della sua fede perché è così che lui può sottomettersi amorosamente alla volontà divina. La possibilità di accettare e di decidere liberamente per la salvezza del messaggio di Cristo o di chiudersi nella sua autosufficienza ci fa capire l'importanza dell'opzione fondamentale. È nell'accettazione o nel rifiuto della grazia dell'amore divino che «si decide il senso ultimo dell'esistenza umana».[117] Posto che Dio chiama interiormente ogni uomo a partecipare alla sua Grazia, l'opzione fondamentale della fede è l'accettazione o il rifiuto di questa e individua il senso dell'esistenza dell'uomo[118].

[115] Cf. *Fede*, p. 742.

[116] Cf. *The Assurance of Things Hoped For*, p. 20.

[117] *Fede*, p. 743.

[118] «L'opzione fondamentale di fede è la determinazione propria della libertà del cristiano». CAUTILLI, G., Oltre l'orizzonte, p. 153.

2.5 *L'esistenza della fede cristiana come frutto dell'amicizia totale di Dio verso l'uomo*

Per capire il senso dell'esistenza e della fede cristiana dobbiamo fare riferimento ancora una volta al mistero dell'Incarnazione e della Risurrezione. È soltanto in questa dimensione di «Dio fatto uomo» (Gv 1,14) che possiamo capire il mistero della storia della salvezza dell'uomo come quella della *salvezza nella speranza*. Perché quello che è avvenuto con Cristo è veramente una anticipazione di quello che succederà con l'uomo, il mondo e la storia. La realtà che Cristo ha abitato fra di noi e ha vissuto la nostra esistenza nel mondo è davvero dove si trova tutta l'originalità come anche la potenza e la vittoria della fede cristiana.[119] Il senso della vita scaturisce da questa luce salvifica per comprendere l'esistenza dell'uomo nel mondo e nella storia. L'esistenza umana viene «assunta» dal Figlio di Dio che si è Incarnato. Facendosi uomo e sperimentando la nostra umanità nel tempo, la tentazione, il dolore e la morte, Cristo entra nella storia per «farsi nella storia». Nella sua Risurrezione, Cristo non distrugge la sua storia ma crea la pienezza di essa: la salvezza definitiva della storia. Così il significato ultimo della storia dell'uomo diventa una storia di «salvezza nella speranza» verso la risurrezione finale dei morti. Perché la Risurrezione di Cristo è «primizia di quelli che muoiono» (1Cor 15,20) e in quel modo anticipa la risurrezione dai morti. Partecipando alla pienezza della glorificazione dell'Umanità di Cristo (Ef 1,10.23), l'umanità come anche il mondo e la storia sono destinati alla pienezza della vita eterna. «La dimensione comunitaria di tutta l'esistenza umana è elevata a una comunione di vita con Cristo» nell'amore al prossimo come riflessione del nostro amore per Cristo (Mt

---

[119] Cf. *Speranza cristiana*, p. 166.

25,40.45).[120] Ecco il significato neotestamentario del senso ultimo dell'esistenza umana. La salvezza dell'uomo incomincia già qui sulla terra, nella sua attività nel mondo, camminando verso la sua risurrezione dai morti. Questo mistero della fede cristiana appartiene all'opera della grazia di Cristo. Antropologicamente, la Bibbia presenta l'uomo come un individuo aperto verso di Dio nelle sue due realtà sia corporale che spirituale. Questa integrità (di totalità-unità) dell'uomo ci fa capire perché la sua salvezza comprende anche quella del mondo (Rm 8,19-24) e della storia (Ef 1,10). La capacità dell'uomo di trasformare il mondo e di portarlo a livelli sempre nuovi verso un avvenire illimitato da al mondo un senso per il suo futuro. Senza l'uomo il mondo sarebbe appunto privo di senso perché senza la possibilità di avere delle novità che lo trascende e dunque senza nessuno scopo o ragione di essere.[121] D'altra parte, senza un contatto con il mondo, l'uomo non può avere coscienza completa di se stesso. L'interiorità spirituale dell'uomo è, come abbiamo detto, intimamente legata alla sua corporalità. Il corpo non è semplicemente una cornice per l'anima e l'anima una illusione per il corpo, ma entrambe incorporano tutta l'esistenza umana. L'apertura trascendentale dell'uomo verso Dio è inseparabile dalla sua apertura orizzontale verso tutti gli altri uomini come anche verso il mondo. L'uomo riceverà, non soltanto nella sua interiorità spirituale ma anche nella sua realtà corporale, una vita nuova nella risurrezione dai morti perché parteciperanno alla gloria di Cristo. La grazia di Cristo rinnoverà l'esistenza dell'uomo per orientarlo verso la partecipazione alla Risurrezione di Cristo. Questa grazia è anche il dinamismo che lo farà partecipare alla vita nuova

---

[120] Cf. SPICQ, C., *Théologie Morale du Nouveau Testament*, Paris 1965, p. 497; *Lumen gentium* 3,7,50; *Gaudium et spes*, 27,38; Decreto sull'apostolato dei laici, *Apostolicam Actuositatem*, n. 8; cit. in *Speranza cristiana*, p. 167.

[121] Cf. *Speranza cristiana*, p. 169.

e all'unione immediata con Cristo nel mondo. È una anticipazione alla pienezza futura della gloria di Dio. Ecco la speranza cristiana: interiormente chiamare l'uomo alla fiducia nel Risorto (Rm 5,1-5) ma sempre rispettando la sua libera risposta.[122] È la promessa e la grazia di Dio che sono il sostegno della speranza dell'uomo fiducioso e consapevole della sua impotenza, bisognoso di abbandonarsi e affidarsi a Cristo. Allo stesso modo l'uomo non può guadagnare la sua giustificazione attraverso la fede ma deve riceverla come grazia nella fede, egli non può ricevere la salvezza mediante la speranza ma la riceverà come dono.[123] La storia dell'umanità arriverà alla sua pienezza e al suo successo definitivo soltanto nella speranza contro ogni speranza dell'uomo.

La speranza cristiana che guarda verso l'avvenire assoluto non può dichiararsi soddisfatta con nessuna realizzazione umana sia positiva che negativa. Il progresso tecnologico ed industriale sono soprattutto da controllare per non diventare nuovi idoli ai quali sacrifichiamo la dignità umana.[124] La speranza cristiana si oppone alla manipolazione dell'uomo al servizio degli interessi ideologici o politici perché ci fa solidali con il destino di tutta la creazione per partecipare alla gloria di Cristo. «La promessa della risurrezione dei morti conduce direttamente ad amare la vera vita dell'intero creato».[125] La speranza cristiana non è contraria alla speranza dell'uomo nel mondo ma l'accoglie per portarlo nella direzione della pienezza della speranza. Dunque, non è unicamente nel presente che il cristiano spera ma anche e soprattutto nel futuro di Dio che è la forza della speranza per il presente. È propriamente con l'esperienza della speranza che il cristiano vive

[122] Cf. *Speranza cristiana*, p. 170.
[123] Cf. *Speranza cristiana*, p. 170-171.
[124] Cf. *Speranza cristiana*, p. 172.
[125] MOLTMANN, J., Theologie der Hoffnung, München, 1964, tr. it. *Teologia della speranza*, Queriniana, Brescia, 2002, p. 230.

anticipatamente la sua salvezza futura, (Mc 14,36; Lc 23,46) e si sente aiutato dalla forza di Dio risuscitato dai morti contro ogni speranza. Perché è nella risurrezione dai morti che si compirà una volta per sempre la salvezza degli uomini.[126] Il futuro della speranza cristiana non è un orizzonte vuoto di senso ma una pienezza della realtà totale dell'uomo in tutte le sue dimensioni esistenziali aperte all'Assoluto come anticipazione della visione di Dio.

2.6 *La fede è anzitutto un dono di Dio*

La grazia di Dio come manifestazione interiore e gratuita di Dio nel cuore dell'uomo è, secondo Alfaro, l'altro essenziale aspetto della speranza cristiana. Questo concetto viene da Sant'Agostino e dalla teologia tomista,[127] secondo la quale Dio può soltanto rivelarsi all'uomo, mediante una illuminazione interiore che si dilata nel cuore dell'uomo; soltanto Dio può prendere l'iniziativa di rivelarsi. Non una visione, dunque, ma una comunicazione discreta nella quale Dio crea la possibilità per l'uomo di andare verso la trascendenza. È una doppia espressione che si riflette nell'intera vita dell'uomo: l'appello interiore di Dio e l'accettazione di questo messaggio da parte dell'uomo. Entrambi i movimenti sono necessari alla fede in modo che è «l'unione vitale di ambedue "che" costituisce l'atto di fede».[128] Questa grazia è vissuta dal credente come una esperienza filiale di fiducia nei confronti di Dio.

È l'uomo che riceve la fede nella fede perché è la Grazia che lo prepara per riceverla. Così, la risposta dell'uomo non modifica in nulla

---

[126] Cf. *Speranza cristiana*, p. 172.
[127] Cf. TOMMASO D'AQUINO, *Summa Teologica* II-II, q. II, a. I.
[128] *La fede come dedizione personale*, p. 74.

l'azione iniziale di Dio che è assolutamente gratuita in quanto frutto profondo del suo amore per provocare la risposta libera dell'uomo.[129]

L'autotestimonianza di Dio è l'unico modo per l'uomo di conoscere il mistero salvifico di Cristo. Dio si rivela all'uomo in modo che egli possa credere in Lui come si trova frequentemente nell'Antico e nel Nuovo Testamento (Num 14,11; Dt 1,32; At 27,25; Rom 4,3; ecc.). La fede dell'uomo si esprime in un atteggiamento di fiducia e d'accettazione alla parola e alla promessa di Dio. «La fede in Dio include la fiducia in lui.»[130] Questa speranza è il frutto di quello che Dio ha fatto e completato in Cristo ed anche ciò che Dio farà alla fine dei tempi (Rom 6,8). Credere è riconoscere la testimonianza di un'altra persona. È il frutto di una persona che comunica la sua conoscenza in modo che l'altra possa partecipare alla sua stessa realtà. Si può dire che la fede è una partecipazione alla testimonianza e alla manifestazione esplicita dell'interiorità di una persona. È praticamente una partecipazione alla conoscenza stessa dell'altra persona. Dunque, credendo a Dio, l'uomo partecipa in un certo modo alla Sua coscienza e alla Sua vita divina come lo ha creduto S. Tommaso.[131] L'autocomunicazione di Dio e l'accettazione di questa comunicazione da parte dell'uomo è una mutua donazione fra Dio e l'uomo. È un incontro personale dove Dio rivela l'intimo della sua realtà e invita l'uomo alla sua amicizia. È un invito a partecipare a una vita di comunione intima. La fede in questa prospettiva è una vera comunione di vita tra l'uomo e Dio realizzato in Cristo. Con la sua fede, l'uomo vive nella persona di Cristo e Cristo vive nell'anima dell'uomo in una rela-

---

[129] Cf. TOMMASO D'AQUINO, *Summa Teologica*, I, q. 19, a. 5; cit. in *Foi et existence*, p. 577.

[130] *Fede*, p. 735.

[131] Cf. TOMMASO D'AQUINO, *De Veritate* q. 14 a. 8; *Boetium De Trinitate* Q. 2 a. 2; Summa Teologica I. II. q. 62 a. 1 ad 1; q. 110 a. 4; II. II. q. 1 a. 1; q. 17 a. 6; cit. in *Fede*, 736.

zione personale e interattiva (Gal 2,20; Rom 6,4-10).[132] Tuttavia, secondo Paolo e Giovanni, è soltanto con la grazia e il dono di Dio che l'uomo può credere a Dio (Ef 2,8; Gv 6,44). Non è sufficiente sentire la predicazione o vedere i miracoli di Cristo ma tutto deve incominciare con il desiderio di Dio di attirare a sé l'uomo per una manifestazione interiore dell'anima (Mt 11,27). A partire da Sant'Agostino, questa concezione della fede viene capita come una illuminazione interiore dove Dio attira interiormente l'uomo a una unione con sé (cf. At 16,14; 2Cor 4,6; Ef 1,17; Mt 11,25; 16,17.[133] È con la grazia che le capacità spirituali dell'uomo arrivano a essere soprannaturalmente elevate. Il volontarismo di Guglielmo di Ockham era completamente opposto a questa concezione scolastica della soprannaturalità della fede. Per Ockham, la capacità spirituale dell'uomo era raggiungibile con le sue sole facoltà naturali. Per molti secoli, questi due pensieri divergenti all'azione della Grazia erano supportate da diversi teologhi cattolici.[134] Tuttavia, con una migliore e più approfondita comprensione della trascendenza, la teologia di oggi ha,[135] in generale, una visione più tomista della soprannaturalità della fede.[136] Di conseguenza, mediante la grazia, l'uomo viene messo in una condizione di accettare la Rivelazione come Parola di Dio solamente quando «viene interiormente elevato da un'illuminazione soprannaturale».[137] È già nell'illuminazione interiore della grazia che si presenta

---

[132] Cf. *Fede*, p. 736.

[133] Secondo Sant'Agostino, «Il nostro cuore è inquieto finché non riposa in te – *Inquietum est cor nostrum donec requiescat in Te*». *Confessioni*, I, 1, citato in, *Esistenza cristiana*, p. 137. Tommaso d'Aquino afferma che «l'uomo ha un desiderio naturale di vedere Dio». *Summa Teologica*, I-II, q. 3, art. 8; *Summa Contra Gentiles*, III, 25 et 51.

[134] Cf. *Fede*, p. 738.

[135] Cf. *Lumen gentium*, n. 12; *Dei verbum*, n. 5.

[136] Cf. *Fede*, p. 738.

[137] *Fede*, p. 738.

l'atto di fede dove l'uomo può cogliere liberamente la presenza di Dio che l'invita ad accettare fiduciosamente di essere salvato.

2.7 *Alcune espressioni incomplete della fede*

Nella sua ricerca sull'atto di fede, Alfaro presenta alcune espressioni incomplete della fede. Si tratta di risposte difettose e deficitarie dell'uomo nei confronti della rivelazione di Dio.

A tale riguardo, la prima domanda da porsi è se la fede, assolutamente necessaria per la salvezza dell'uomo, possa esistere fuori della Chiesa Cattolica. Basandosi sull'insegnamento del Concilio Vaticano II, Alfaro fa un resoconto delle diverse condizioni necessarie per la salvezza dell'uomo.

Anzitutto, egli ricorda che tutti gli uomini sono chiamati da Dio a partecipare alla vita divina. Tuttavia, ogni uomo deve rispondere alla chiamata di Dio con un atto di fede.[138] Se l'atteggiamento dell'uomo di fronte alla sua coscienza è sincero (cerca sinceramente Dio), allora egli sta rispondendo alla grazia di Dio[139]. In tal senso, anche alcuni riti e dottrine di religione non cristiana, ad esempio, possono contenere alcune scintille di verità. Esse possono essere considerate come un aiuto educativo per preparare l'accettazione del Vangelo. Anche l'Islam e il Giudaismo conoscono alcune espressioni della rivelazione attraverso i profeti dell'Antico Testamento realizzatosi nella persona di Gesù Cristo[140]. Tali espressioni di fede sono tuttavia molto deficitarie e soltanto la Chiesa Cattolica possiede la pienezza della verità rivelata.[141]

---

[138] Cf. *La fede come dedizione personale*, p. 75.

[139] Cf. CATECHISMO DELLA CHIESA CATTOLICA, 847.

[140] Cf. *Lumen gentium*, 16.

[141] «Solo il Cristo, infatti, presente in mezzo a noi nel suo corpo che è la Chiesa, è il mediatore e la via della salvezza; ora egli stesso, inculcando espressamente la necessità della fede e del battesimo (cf. Gv 3,5), ha nello stesso tempo confermato la necessità della Chiesa, nella quale

Si può concludere che l'uomo ha bisogno della grazia e della rivelazione di Dio per decidere pienamente e senza alcuna deficienza in suo favore. Questa chiamata interiore di Dio è la dimensione più profonda dell'esistenza dell'uomo. È il concetto biblico nonché agostiniano-tomista[142] dell'illuminazione interiore da parte di Dio che chiama l'uomo ad una partecipazione alla vita divina.

È un invito all'assoluto che attrae verso il trascendente anche se l'uomo non lo realizza coscientemente. Questa attrazione subcosciente non è un atto di fede completo ma ne implica un inizio embrionale. Che egli lo sappia o no, l'esistenza dell'uomo è decisa dalla accettazione o dal rifiuto della grazia. Rispondendo alla Grazia, quale manifestazione e donazione di Dio, l'uomo si orienta verso Cristo perché la rivelazione di Dio coincide con il mistero dell'Incarnazione.

Tutta la storia della rivelazione e dell'intervento di Dio nella vita dell'uomo è indirizzata verso la Sua presenza suprema di Dio nella storia che è Cristo. Ecco perché la fede non può essere completa senza la conoscenza esplicita della rivelazione di Cristo.

Le religioni non-cristiane sono capaci di presentare qualche indizio che prepara l'uomo a ricevere il Vangelo, ma si tratterà sempre di una fede incompleta.[143] Soltanto la cristianità, e soprattutto il cattolicismo, può permettere all'uomo di affidarsi totalmente a Dio per la piena adesione alla dottrina che manifesta la realtà della salvezza. Ma questa ricerca completa «della fede cristiana significa cercare l'unità dei cri-

---

gli uomini entrano per il battesimo come per una porta. Perciò non possono salvarsi quegli uomini, i quali, pur non ignorando che la Chiesa cattolica è stata fondata da Dio per mezzo di Gesù Cristo come necessaria, non vorranno entrare in essa o in essa perseverare». *Lumen gentium*, 14; Cf. CONCILIO VATICANO II, Decreto sull'ecumenismo *Unitatis Redintegratio*, 3.4; Cf. CONGREGAZIONE PER LA DOTTRINA DELLA FEDE, *Risposte a quesiti riguardanti alcuni aspetti circa la dottrina sulla chiesa*, Librería Editrice Vaticana, Città del Vaticano, 2011; Cf. CATECHISMO DELLA CHIESA CATTOLICA, 811-856.

[142] Cf. *La fede come dedizione personale*, p. 76.

[143] Cf. *La fede come dedizione personale*, p. 78; Cf. *Lumen gentium*, 16.

stiani nella fede».[144] È appunto la missione ecumenica del cattolico che si impegna di presentare la fede nella sua totalità personale e ecclesiale, individuale e comunitaria. La fede è, dunque, lo stato di ricevere Dio stesso in tutta la sua realtà e pienezza, è riconoscere il dono assoluto dell'amore di Dio per noi ed accettare e rispondere con l'obbedienza a questo amore. La fede è una comunione di vita con Dio nella quale tutta la nostra esistenza è coinvolta.

2.8 *L'uomo è attratto da Dio nella fede, speranza e carità agendo nel mondo.*

L'imputazione del marxismo che la speranza cristiana sia un ostacolo per l'emancipazione dell'uomo e un impedimento per la trasformazione del mondo non si giustifica.[145] Il fatto che l'uomo esiste per trasformare il mondo è una affermazione di Marx che riflette una verità della fede cristiana. L'uomo, come immagine di Dio, è stato creato per dominare il mondo e così ha degli impegni nel mondo che non sono in contraddizione con la sua speranza trascendente. Purtroppo ci sono stati dei cristiani che hanno presentato, più o meno coscientemente, una teologia dove l'attività dell'uomo nel mondo era irrilevante. K. Barth è un buon rappresentante di questa posizione fra i teologi moderni.[146] Dicono che nulla di quanto fa l'uomo sulla terra può preparare o anticipare la sua salvezza futura. La dottrina cattolica invece afferma che è necessaria sia la conversione interiore che l'attività nel mondo. La grazia di Dio attira l'uomo nella sua fede, speranza e carità realizzata, non solamente manifestate, nella sua attività

[144] ALFARO, J., *La teologia di fronte al magistero*, in LATOURELLE, R., – O'COLLINS, G., ed., Problemi e prospettive di Teologia Fondamentale, Queriniana, Brescia, 1982, p. 432.

[145] Cf. *Speranza cristiana*, p. 185.

[146] Cf. MALEVEZ, L., *La vision chrétienne de l'histoire*, in Nouvelle Revue Théologique (1949) pp. 113-134; id., *Deux théologies catholiques de l'histoire*, in Bijdragen (1949), pp. 225-240; cit. in *Speranza cristiana*, p. 185.

nel mondo. La dottrina della giustificazione cattolica parte da una visione integrale dell'uomo utilizzando il linguaggio paolino di «nuova creazione» e «adozione filiale» come anche quella giovannea di «vita eterna» per non ridurre l'esistenza dell'uomo alla sola realtà interiore e spirituale. È tutto l'uomo che è chiamato a trasformare il mondo nella sua unità indivisibile di «spirito nel mondo» e di «immagine di Dio». L'uomo è chiamato a partecipare all'azione creativa di Dio lavorando e agendo nella trasformazione del mondo. La grazia di Dio non può astrarsi dall'opera per esclusivamente occuparsi dello spirito. Tutte le dimensioni dell'uomo sia l'esistenza che l'attività sono orientati dalla grazia verso il Futuro assoluto e trascendente che è Dio. Il frutto del suo sforzo e impegno nel mondo non spariranno alla sua morte ma perdureranno. Contrariamente alla speranza marxista, che ha come meta la trasformazione del mondo in una prospettiva esclusivamente intramondana, la speranza cristiana va sempre oltre ogni meta raggiunta e cammina verso il Nuovo trascendente.

Con la grazia universale di Cristo, tutti gli uomini hanno lo stesso destino verso la stessa salvezza. Questa speranza comune si manifesta nell'amore degli uni per gli altri nel cammino verso l'unità della fede come ci indica S. Paolo parlando della dimensione comunitaria della speranza cristiana (Ef 4,4.15-16; Col 3,14-15). La speranza cristiana reclama l'amore del prossimo manifestato nell'attività di trasformare e perfezionare il mondo. Come la speranza è l'autodonazione dell'uomo a Dio come risposta al suo amore infinito, questo amore verso Dio implica anche l'amore verso gli altri.[147] La speranza verso un destino di salvezza comune è vuota se non include una solidarietà presente nell'amore manifestato nell'azione. È veramente l'amore, come pienezza della speranza, che dà l'incoraggiamento per lavorare verso un

---

[147] Cf. TOMMASO D'AQUINO, *Summa Teologica*, II-II, q. 25, a. I.

mondo migliore e virtuoso. Questo significa la trasformazione del mondo per liberare l'uomo dal «peccato del mondo» moderno che è da una parte la negazione di Dio e dall'altra la negazione della dignità dell'uomo.[148] Non possiamo dimenticare la nostra responsabilità di fronte alla salvezza integrale di tutti gli uomini per amore a Cristo. Per essere autenticamente cristiana, la speranza non può essere indifferente alla liberazione e alla salvezza dell'uomo. Cristo stesso è venuto nella storia per «fare e insegnare» (At 1,1) offrendo la sua vita per la salvezza dell'umanità: «Il Figlio dell'uomo infatti non è venuto per essere servito, ma per servire e dare la propria vita in riscatto per molti» (Mc 10,45). La Buona Novella di Gesù è infatti la realizzazione dell'Antico Testamento che presenta il Regno di Dio come una liberazione per tutti quelli che soffrono (Lc 4,16-19). È un appello a una conversione (Mc 1,15) dove l'uomo ritorna in unione ed in pace con Dio attraverso il cambiamento del suo «cuore» inteso come la parte più profonda del suo essere. Il messaggio liberatore di Gesù si dirige al «cuore» dell'uomo per la sua conversione e per questa ragione Gesù non può essere concepito come un rivoluzionario politico.[149] L'appello di Gesù è per la liberazione interiore dal peccato come purificazione dall' orgoglio e dall'egoismo (Lc 17,9-14). La parabola del samaritano (Lc 10,25-37) ci fa capire che tutti gli uomini hanno bisogno del nostro aiuto e non possiamo ignorare le loro sofferenze. La Chiesa primitiva vedeva la Risurrezione di Cristo non solo come il fondamento della speranza di tutta l'umanità ma anche come un appello alla sua

---

[148] *Gaudium et spes*, 21.

[149] «Questa concezione di Cristo come politico, rivoluzionario, come il sovversivo di Nazaret, non si compagina con la catechesi della Chiesa.» III CONFERENZA GENERALE DELL'EPISCOPATO LATINOAMERICANO. DISCORSO DI SUA SANTITÀ GIOVANNI PAOLO II, Puebla, Messico, 28 gennaio 1979, 4, in *Acta Apostolicae Sedis*, 71 (1979) p. 190; Cf. *Speranza cristiana*, p. 196.

conversione.[150] La teologia paolina presenta il cristiano come un uomo liberato dal peccato (Gal 5,1.13) e al servizio del prossimo (Gal 5,13-14). L'esistenza cristiana per S. Paolo è una esistenza liberata dal peccato per mezzo della speranza nella salvezza di Cristo. È una liberazione integrale come risposta della fede nell'impossibilità di salvarsi da sé. Relazionandosi con gli altri, l'uomo impara a superare il proprio egoismo mediante l'amore fraterno per il prossimo. Sono infatti due liberazioni che il cristianesimo propone: liberazione dall'autosufficienza dell'uomo di fronte a Dio e liberazione dall'egoismo di fronte al prossimo.[151] Questa speranza conferisce al cristiano la responsabilità di testimoniare con la sua fede e la sua azione che il Regno di Dio sta arrivando.

Al contrario di questa visione cristiana della lotta per la liberazione integrale dell'uomo si trova, fra tante altre espressioni, il marxismo e l'umanesimo ateo.[152] Contrariamente ai marxisti che incitano alla lotta di classe e alla dittatura del proletariato al costo delle più elementari libertà umane, gli umanisti lottano per la piena liberazione dell'uomo e riconoscono la sua dignità e i suoi diritti nel mondo. Entrambi rifiutano Dio perché dicono essere contrari a ogni violazione della libertà umana e non accettano altra legge che quella della coscienza umana. Un esempio tipico di questa filosofia è Albert Camus che ha sviluppato un umanesimo fondato su una presa di coscienza dell'assurdità della presente condizione umana. Egli afferma che per potere partecipare pienamente alla lotta per la liberazione degli uomini, è

[150] Cf. MOLTMANN, J., *Esperanza y planificación del futuro*, Sígueme, Salamanca, 1971, 241; *Speranza cristiana*, p. 197.

[151] Cf. *Speranza cristiana*, p. 199.

[152] Cf. CONGREGAZIONE PER LA DOTTRINA DELLA FEDE, *Istruzione su alcuni aspetti della «Teologia della Liberazione»*. Librería Editrice Vaticana, Città del Vaticano, 1984, VII; Cf. *Speranza cristiana*, p. 203.

indispensabile rinunciare a Dio.[153] Ecco l'utopia dell'umanesimo ateo: una lotta per la libertà dell'uomo che non arriverà mai. Abbandonare l'uomo di fronte al dramma della vita con il carico dei suoi peccati e della morte verso il nulla come destino finale. Per il cristianesimo, Dio ha creato l'uomo nella responsabilità di dominare il mondo in uno spirito di fraternità fra gli uomini e ha dato come destino finale la partecipazione della vita immortale di Cristo. Una vita di coesistenza fra il dialogo con i fratelli e di responsabilità con il redentore Cristo, Colui che come segno del perdono di Dio ha promesso la risurrezione dai morti a tutti coloro che si convertono. Questa conversione davanti all'amore di Dio e del servizio del prossimo è davvero la vera liberazione dell'uomo. La speranza della vita eterna non chiude gli occhi davanti alla presenza della sofferenza nel mondo ma produce una profonda solidarietà con tutti quelli che soffrono. Se il cristianesimo vuol essere fedele alla sua missione e alla sua realtà, deve impegnarsi a fare conoscere la Buona Novella della liberazione dal peccato e dalla morte a tutto il mondo. Bisogna portare la speranza cristiana agli oppressi e agli emarginati. Mettendo in opera l'amore di Dio manifestato nell'amore per il prossimo è necessario secondo Alfaro «incarnare nella vita e nell'azione la vita stessa e la dottrina di Cristo».[154] Missionari e missionarie che sacrificano la loro vita sono un buon esempio di questa identificazione reale con la vita dei poveri. Loro rendono credibile il messaggio del Vangelo eroicamente predicando e promovendo la liberazione integrale dell'uomo dalla schiavitù del peccato. La speranza e la vita interiore di preghiere e di unione con Cristo sono le fondamenta di questo lavoro come dice S. Paolo: «lavo-

---

[153] Cf. CAMUS, A., *Les Justes*, Paris, 1950, pp. 123-124; *L'homme révolté*, Paris, 1951, p. 377; cit. in *Speranza cristiana*, p. 204.

[154] *Speranza cristiana*, p. 208.

riamo (fatichiamo) e combattiamo, perché abbiamo posto la nostra speranza nel Dio vivente» (1Tim 4,10).

La prima missione del cristianesimo è di predicare e fare conoscere il Vangelo. È importante per i cristiani non dimenticare questa meta perché l'uomo di oggi ha un urgente bisogno di risposte per le sue domande sul significato della sua esistenza. Queste possono assumere diverse forme ma rimangono sempre uguali perché scaturiscono dalla coscienza stessa dell'uomo. Chi è l'uomo? Chi sono io? Tutto finisce con la morte? Sono domande sempre vive ed urgenti.[155] Il messaggio cristiano risponde a queste domande basilari dell'uomo. Tutti hanno il diritto di conoscere queste risposte, per fedeltà a Cristo e solidarietà con gli uomini, i cristiani devono annunciare il Vangelo per liberare l'uomo dalle sue angosce e promuovere la pace. Il mondo ha bisogno del messaggio liberatore di Cristo e deve essere aiutato a trovare il senso della vita per così partecipare alla salvezza liberatrice dell'amore di Dio.[156] Questa responsabilità è senz'altro anzitutto quella della Chiesa e della sua gerarchia ecclesiastica ma anche responsabilità personale di tutti i cristiani. Per partecipare alla riforma della società ci vogliono davvero molto coraggio, audacia ma anche conversione. Incominciando con la conversione personale di far sempre rinascere la speranza confessando la propria fede come il pubblicano nel Vangelo: «O Dio, abbi pietà di me peccatore» (Lc 18,11-14).

2.9 *La fede come mistero*

Terminiamo dicendo che, per Alfaro, l'atto di fede si fonda innanzitutto sul mistero della parola di Dio nel Cristo Incarnato, mistero per il

---

[155] Cf. *Speranza cristiana*, p. 209.
[156] Cf. *Speranza cristiana*, pp. 209-210.

credente stesso perché dialogo personale con Dio.[157] Questa non è la conclusione di una dimostrazione razionale ma una attitudine che coinvolge tutto l'uomo in tutte le dimensioni della sua esistenza, in ragione di una decisione libera per mezzo della quale l'uomo si affida a Dio nell'amore e nella speranza, basandosi su dei segni di credibilità che sono allo stesso tempo segni del mistero di Dio. È un dialogo personale e intimo fra la creatura e il suo Dio. Dio si avvicina all'uomo attraverso la sua parola manifestata in Cristo. Questo incontro tra la manifestazione di Dio e l'accettazione di questa parola diventa una esperienza del dono gratuito di Dio. È l'incontro del mistero della grazia con la risposta di abbandono dell'uomo. La decisione che l'uomo ha di avere fede in Dio appartiene al mistero. Questo perché coinvolge la sua esperienza vissuto della grazia come anche del suo pensiero di uomo. Poiché la fede non è costituita soltanto da una conoscenza dei 'segni' della rivelazione, ma include anche la chiamata interiore di Dio, il credente mai potrà capire razionalmente tutta la sua fede.[158] La voce della coscienza del credente diventa allora la voce e la parola di Dio e raggiunge soltanto la sua pienezza totale nell'atto di rispondere a quella voce con la fede. È un invito alla conversione e alla crescita nell'unione con Dio in Cristo. Ma la parola di Dio è sempre mistero e deve allora essere accettata come tale perché quando Dio parla, parla da Dio.[159]

---

[157] Cf. *Foi et existence*, pp. 570-571. Con relazione a l'atto della fede come un mistero per il credente, Alfaro cita Garrigou-Lagrange: «Hoc motivum, ut supra dictum est, est auctoritas Dei actu revelantis seu Revelatio activa mysteriorum fidei». GARRIGOU-LAGRANGE, R., *De Revelatione*, Rome, 1945, I, p. 428.

[158] Cf. *Rivelazione cristiana,* p. 105.

[159] Cf. *Foi et existence*, pp. 570-571.

3. Lo sviluppo teologico della speranza e della fede nella Chiesa Cattolica dopo l'intuizione di Juan Alfaro

Il secolo XX è stato un periodo nella storia umana di grande sofferenza e di tragedie. Un periodo dove ci sono stati dei momenti di distruzione e di annientamento come mai visto nella storia dell'umanità. Pensiamo all'inizio del secolo con lo scoppio della prima Guerra Mondiale (1914-1918) dove l'utilizzazione delle armi a gas e dell'uso massiccio di bombe hanno dato origine a una nuova forma di guerra coinvolgendo anche civili. Dopo un breve periodo di pace, l'umanità ha assistito allo scoppio della seconda Guerra Mondiale (1939-1945) con i suoi orrori come successo a Auschwitz dovuto alla «soluzione finale» nazista. A tutto ciò si è aggiunto anche il comunismo di Stalin dell'Unione Sovietica che ha oppresso e annientato una intera popolazione.

Veramente, il ventesimo secolo è stato una era di utopie e di regresso per tutta l'umanità[160] sia per la distruzione che per le ideologie manipolatrici.[161] Dico manipolatrici perché insieme alla potenza rinnovata di distruzione ci è stato anche un tentativo di imporre una cosiddetta religione basata sull'evoluzionismo o il materialismo. Una nuova cultura insensibile alla bellezza e all'armonia della creazione che ha utilizzato lo sviluppo della scienza e della tecnologia industriale per iniziare la «fine della natura».[162] Con le grandi scoperte della scienza, l'uomo si è appropriato della natura, considerandosi proprietario delle sue leggi e segreti sfigurandola e distruggendola. Questo

---

[160] Cf. MOLTMANN, J., *Il passo del Duemila*, in GIBELLINI, R., (ed), *Prospettive teologiche per il XXI secolo*, Queriniana, Brescia, 2006, pp. 38-39.

[161] Cf. METZ, J. B., *Glaube in Geschichte und Gesellschaft*, Mainz (1977), tr. fr. *La foi dans l'histoire et dans la société*, Les Éditions du Cerf, Paris, 1999, pp. 21-22.

[162] LEISS, W., *The Domination of Nature*, New York, 1972, tr. it. *Scienza e dominio: il dominio sulla natura. Storia di una ideologia*, Longanesi, Milano 1976, cit. in *Il passo del Duemila*, p. 37.

atteggiamento adulteratore della natura e di manipolazione biologica, dovuto a uno sviluppo tecnologico materialista, sta creando un sconvolgimento nella natura che difficilmente sarà possibile correggere.[163] È poi c'è stato l'evento sconvolgente dell'attentato gratuito e irrazionale alle due torri gemelle dell'11 settembre 2001. Uomini disposti a reprimere il loro senso di conservazione per annientare gratuitamente – in un attentato suicida – abitanti innocenti. Con tutto questo, la credibilità di un futuro migliore per l'umanità e del mondo è stata rimessa in dubbio coscientemente o incoscientemente da una grande parte della popolazione.

In questa prospettiva, possiamo sostenere che il secolo XX ha fatto perdere all'umanità la fiducia nella razionalità dell'uomo e anche nel concetto della verità. Essa ha perso fiducia nella verità perché ha perso la speranza di migliorare il mondo. In altre parole, perdendo la fiducia che esiste una verità universale per tutti, la vita perde anche il suo senso e la speranza il suo oggetto. Dare senso alla vita e alla storia diventa una utopia che cade nell'irreale di un ideale inattingibile. Le dittature e i regimi totalitari insieme ad una ideologia basata sul progresso tecnologico non hanno fatto altro che allontanare l'uomo dal concetto assoluto della verità perché diventata sinonimo di rovine e di vittime. Con il fallimento del progresso moderno, la cultura globale è cambiata in modo che l'uomo non ha più fiducia nella verità ormai vista come fonte del totalitarismo e della manipolazione.

Nella sua preoccupazione di recuperare il concetto positivo della verità così da ridonare fiducia nella capacità di pensare dell'uomo, la Chiesa Cattolica ripropone alcuni testi sul tema della fede e della ragione. Sono testi che vogliono riaprire la discussione attorno la

[163] Cf. *Il passo del Duemila*, pp. 36-37.

capacità che l'uomo ha di conoscere e abbracciare la verità per così recuperare la pienezza dell'essere umano.

Il problema sollevato da questi testi è tutto il discorso della situazione culturale attuale caratterizzata da una dicotomia ottusa tra la fede e la ragione. Siamo ormai di fronte a un allontanamento e a una paura di guardare di fronte alle questioni ultime della vita e della verità. La razionalità e la capacità di pensare dell'uomo è diventata quasi esclusivamente utilitaristica e funzionale perdendo la sua dimensione metafisica e interrogativa. La Chiesa Cattolica, essendo sensibile alle sofferenze e alle difficoltà umane di capire il senso della vita, ha sempre cercato di dare un aiuto e un orientamento per assistere e rispondere a questi interrogativi.

È per questo che 150 anni dopo dell'enciclica *Aeterni Patris* di Leone XIII (1879), Giovanni Paulo II pubblicava *Fides et ratio* (1998) per presentare di nuovo al mondo il tema della relazione che esiste tra la fede e la ragione. Una relazione che si manifesta e si esplicita nel rapporto tra la teologia e la filosofia.[164] Già i padri della Chiesa proponevano questa circolarità tra la fede e la ragione nel secolo II come ad esempio, S. Giustino e Clemente di Alessandria. Questo ultimo vedeva nella filosofia un alleato che aveva molti elementi della verità e poteva aiutare l'uomo ad approfondire la sua fede culturalmente e intellettualmente così da generare una fede più educata. La sua presentazione positiva e trasformante della fede mostrava come quest'ultima era anche relazionata a un perfezionamento dell'uomo da un punto di visto di un miglioramento interiore ma anche esteriore della persona.[165] Neanche l'apologista S. Giustino aveva paura di utilizzare la filosofia per giustificare la sua fede sostenendo che non si

---

[164] Cf. RATZINGER, J., *Presentazione*, in FISICHELLA, R., ed., *Fides et ratio*, San Paolo, Cinisello Balsamo, 1999, p. 6.

[165] HENN, W., *One Faith*, Paulist Press, New York, 1995, p. 110.

poteva fare un divorzio tra la religione e la filosofia perché intimamente legata all'essere umano.[166]

Questa insistenza della Chiesa a favorire e incoraggiare una maggiore relazione tra la teologia e la filosofia era dovuta alla intima correlazione che esiste tra la fede e la ragione. Senza questa profonda correlazione, l'una e l'altra diventano deboli provocando una crisi di senso e dell'esistenza umana.

3.1 *«Fides et ratio»: Per trovare il senso della vita bisogna coinvolgere tutto l'uomo nella sua realtà razionale e spirituale.*

Dieci anni dopo l'opera del nostro autore Juan Alfaro «Dal problema dell'uomo al problema di Dio» Giovanni Paolo II pubblicava l'enciclica *Fides et ratio* sui rapporti tra la fede e la ragione. Nonostante il suo carattere prettamente intellettuale indirizzato anzitutto ai Vescovi, teologi e filosofi, l'enciclica propone comunque questo tema a tutti gli uomini che ricercano sinceramente la verità e le risposte ai suoi interrogativi sul senso della vita e dell'esistenza dell'uomo. Partendo da una «via preparatoria alla fede»[167] la *Fides et ratio* inizia il suo percorso in modo antropologico con l'adagio delfico «conosci te stesso». L'uomo, infatti, è un mistero e non ostenta le sue capacità di pensare e di riflettere, spesso non capisce a se stesso. Nelle sue considerazioni, l'uomo arriva frequentemente alla conclusione che è anche estraneo a se stesso. Quando riesce a scoprire qualcosa della sua vita rimane in ogni modo un grande enigma a se stesso[168], per questo deve cercare e studiare come svelare questo mistero per diventare più uomo e più completo. Questo percorso antropologico è stato anche utilizzato

[166] Cf. *The Assurance of Things Hoped For*, 20.

[167] PIÉ-NINOT, S., *Ecclesiologia. La sacramentalità della comunità cristiana* (2006), tr. it. Queriniana, Brescia 2008, p. 536.

[168] Cf. FISICHELLA, R., *Introduzione alla Teologia Fondamentale*, Piemme, Casale Monferrato, 1997, p. 110.

dal Catechismo della Chiesa Cattolica quando, nel primo capitolo, inizia parlando sull'uomo «capace di Dio» prima ancora di trattare dell'«io credo-noi crediamo»[169] in Dio. È un percorso che assomiglia molto a quello di Alfaro e fa un certo eco, in modo del tutto particolare, al suo libro «Dal problema dell'uomo al problema di Dio».

Nel suo desiderio di spingere l'uomo ad avere il coraggio di allargare il suo pensiero, Giovanni Paolo II riprende in qualche modo il concetto alfariano di «opzione fondamentale» intesa come «scelta fondamentale» nella *Fides et ratio*.[170] È una visione globale dell'uomo presentata per indicare l'atteggiamento della dimensione profonda che la ragione deve avere di fronte alla realtà intercomunicativa dell'essere umano.[171] In questo mondo dove osserviamo una «crisi del senso»[172] – e anche una crisi della felicità – le risposte agli interrogativi drammatici della vita, come quello del dolore e della morte, non possono essere capiti senza coinvolgere totalmente l'uomo, dice Giovanni Paolo II, in «un momento di scelta fondamentale, in cui tutta la persona è coinvolta»[173] accogliendo il mistero della fede alla luce della ragione. La ricerca del senso della vita non può essere staccata dal mistero o dalla soggettività umana ma implica una circolarità dove tutta l'esistenza umana è coinvolta. In questa ottica, l'enciclica fa una circolarità simile all'intuizione di Alfaro tra la fede e la ragione, tra la teologia e la filosofia. È da notare che la filosofia non inizia la sua indagine e domande chiedendosi «chi è Dio?» ma parte dall'uomo come

---

[169] «L'uomo è "Capace" di Dio [...] ha questa capacità perché è creato "a immagine di Dio" (Gn 1,27)». CATECHISMO DELLA CHIESA CATTOLICA, Libreria Editrice Vaticana, Città del Vaticano, 1992, 27.36; Cf. PIÉ-NINOT, R., *Ecclesiologia,* p. 536; Anche S. Tomasso dice: «Non enim anima est assumptibilis secundum congruitatem nisi per hoc quod est capax Dei, ad imaginem eius existens». TOMMASO D'AQUINO, *Summa Teologica*, III, q. 6, a. 2c.

[170] *Fides et Ratio*, 13.

[171] Cf. PIÉ-NINOT, R., *La teologia fondamentale* (2001), it. Queriniana, Brescia 2007, p. 196.

[172] *Fides et Ratio*, 81.

[173] *Fides et Ratio*, 13.

essere nel mondo. Per la filosofia, la nozione e le domande su di Dio vengono dopo la sua indagine come frutto delle sue osservazioni ed esperienze. Nella sua ricerca per capire l'uomo e di lì dare un senso alla sua vita, la filosofia arriva naturalmente ad accostarsi alla metafisica e la teologia. Le esperienze della vita, della sofferenza e della morte offrono alla filosofia una base per potere successivamente avvicinarsi e eventualmente accogliere il tema su Dio. Come il filosofo rimarrà sempre una persona e allora uomo di questo mondo, lui non potrà eventualmente sottrarsi alla domanda pericolosa di Cristo: «chi dite che io sia» (Mt 16,15)? Come il dolore e la morte, Cristo – e soprattutto Cristo crocifisso – è il vero punto di meditazione e di ricerca per la filosofia nelle sue interrogazioni su il senso della vita.[174]

3.1.1 Recuperare il coraggio di ricercare la verità alla luce della fede

Nel mondo di oggi dove l'uomo e più preoccupato a sapere che cosa ci è veramente utile e non tanto su ciò che è, la verità diventa così secondaria e per alcuni anche relativa. È la prassi delle cose che domina il pensiero moderno con i suoi interrogativi materialisti e pragmatici, non tanto esistenziali o fenomenologici. È un atteggiamento dove si nasconde una falsa umiltà e una falsa presunzione. Nella falsa umiltà troviamo lo scoraggiamento di credere che l'uomo è capace di riconoscere o attingere la verità e «di porre domande radicali».[175] Invece, nella falsa presunzione, troviamo un atteggiamento dell'uomo di volersi mettere al di sopra della verità, pensando di essere capace di dominare le cose da se stesso.[176] Giovanni Paolo II insiste che i filosofi devono avere l'audacia di chiedersi se Dio esiste perché se l'uomo

[174] Cf. LUCAS LUCAS, R., *Verità e libertà: «Fides et ratio» in continuazione con «Veritatis splendor»* in FISICHELLA, R., ed., *Fides et ratio*, San Paolo, Cinisello Balsamo, 1999, p. 155.

[175] *Fides et Ratio*, 5.

[176] Cf. RATZINGER, J., *Il significato storico di «Fides et Ratio»*, in FISICHELLA, R., ed., *Fides et ratio*, San Paolo, Cinisello Balsamo, 1999, p. 118; *Fides et Ratio*, 76.

non si pone queste domande diventerà ogni più volta mentalmente paralizzato, creando un vuoto attorno al senso della vita così da cadere nello scoraggiamento e nella disperazione.

Con questo quadro di fondo, si può comprendere meglio l'intenzione di *Fides et ratio*. L'enciclica vuole che l'uomo recuperi il coraggio di cercare e andare verso la verità ultima che da un senso totale e pieno alla vita.[177] Non è sufficiente lo studio della storia o dell'interpretazione delle cose, ma è necessario andare verso il reale. L'uomo deve avere l'audacia di chiedersi chi egli è! La filosofia non è un semplice dialogo culturale, un divertimento o meno ancora una ricerca su inutile complicazione: è una scienza che studia la realtà dell'essere e del non essere dell'uomo. È una ricerca esistenziale che unisce le diverse culture umane e vede nelle altre una comune realtà. È per questo che Giovanni Paolo II incoraggia i filosofi «ad avere fiducia nelle capacità della ragione umana e a non prefiggersi mete troppo modeste nel loro filosofare»[178]. È un appello a non perdere la propria identità umana di essere razionale con tutta la sua dimensione intellettuale di pensatore e ricercatore.

Già nella Bibbia la parola di Dio si rivela nella misura in cui l'uomo ricerca una risposta alle sue domande sulla vita. «Chi sono? Da dove vengo e dove vado? Perché la presenza del male? Cosa ci sarà dopo questa vita?» (Gn 1,26-28; Mic 6,8; Mt 6,25-33; 19,17; Mc 10,43-45; 12,30-31; Gv 3,15-16.20; 8,12; 1Gv 2,16; 3,16; 6,35; 8,12; Col 3,23-24; 1Pt 3,9.14; Gal 5,13-14).[179] Sono domande che nascono dal cuore dell'uomo nella sua ricerca di significato e daranno la direzione da seguire per la comprensione della sua esistenza. Nella Sacre Scrittura, c'è

---

[177] Cf. BOTTURI, F., *La ragione credente e i suoi nemici*, in FISICHELLA, R., ed., *Fides et ratio*, San Paolo, Cinisello Balsamo, 1999, p. 222.

[178] *Fides et Ratio*, 56.

[179] *Fides et Ratio*, 1.

un processo dove Dio lotta con l'uomo per provocarlo ad aprirsi e ad uscire da se stesso per non rimanere chiuso nella propria cultura.

Israele, nell'Antico Testamento, aveva sempre tendenza a chiudersi su se stesso e di abbandonarsi al culto della propria nazionalità resistendo e disobbedendo a Dio. Dio si pone contro questo tipo di religiosità rinchiusa e ricercatrice di potere e di esclusività (Ger 3,6-14; Esd 9,1-2; Gs 7,1; Gdc 2,16-17; Ez 39,23-24). Ad esempio: dopo avere fatto tanti miracoli per liberare Israele dalle mani degli egiziani Dio, a un certo punto, si infuria contro Israele distruggendo il vitello d'oro che loro volevano e forse già adoravano (Es 32,19-20). Questo atteggiamento di volere venerare una rappresentazione divina estranea a Dio era una manifestazione di indipendenza per «salvaguardare» la loro identità e libertà davanti a Dio. La fede in Dio, per il popolo eletto, è un continuo superare se stesso. Un continuo sorpasso della propria identità e abitudine. È un conflitto continuo tra la fede nel Dio vero e il loro attaccamento ai loro vizi e alla propria cultura. È un invito ad uscire e ad aprirsi alla verità comune a tutti gli uomini.

La fede in Gesù Cristo, come liberazione dalla legge, porta a compimento questo orientamento dell'Antico Testamento e esprime il concetto universalistico della fede. Tutti i popoli sono invitati alla stessa fede in un spirito di apertura e di autosuperamento verso gli altri uomini, in risposta a Dio. L'incontro con le altre culture è un'esperienza che la Chiesa ha avuto dall'inizio della sua attività evangelica. La missione che i discepoli hanno ricevuto da Cristo di annunciare il Vangelo (Mt 24, 14) «agli estremi confini della terra» (At 1,8), per fare conoscere la verità rivelata ha fatto capire ai cristiani l'universalità dell'annuncio facendo «dei due un popolo solo» (Ef 2,

13-14).[180] L'uomo biblico scopre allora come egli non può aggiungere la verità da solo osservando se stesso, il mondo e la storia. La sua conoscenza ha anche bisogno della fede e della Rivelazione che lo trascende.

Considerando se stesso, l'uomo biblico si rende anche conto che lui è un «"essere in relazione": con se stesso, con il popolo, con il mondo e con Dio».[181] Questa comprensione della sua debolezza lo rende consapevole del mistero che lo circonda e della necessità di aprirsi verso la conoscenza della Rivelazione. S. Paolo ricorda che l'uomo ha una tendenza naturale di cercare Dio perché ha una nostalgia che esce dal suo cuore per andare verso il creatore (At 17, 26-27). Questa tendenza viene dal suo desiderio di sapere e di conoscere[182] che si manifesta in domande come se la vita ha senso, o del perché della sofferenza e della morte. Sono verità che hanno bisogno di spiegazione per potere capire la realtà della vita. La prima verità è che noi esistiamo, ma la seconda – indiscutibile verità – è quella della nostra morte. Tutti vogliono sapere se la vita finisce con la morte o c'è qualcosa dopo essa. In questo modo, per non cadere nella paura e nell'angoscia, l'uomo ha bisogno di affrontare e di rispondere a queste domande ultime della sua esistenza. Soltanto l'iniziativa di ricercare la verità e di porre delle domande ci da una prima risposta: la speranza! È appunto perché l'uomo ha una certa fiducia nella sua capacità di trovare una risposta che inizia l'indagine verso la verità.

Già Origene di Alessandria, quando scrisse *Contra Celsum,* evidenziava che quanti erano contrari alla fede cristiana e non volevano credere nelle parole di Cristo, erano irragionevoli perché anche loro – come i filosofi – avevano bisogno di credere in qualcosa, in qualche

---

[180] Cf. *Fides et Ratio*, 70.
[181] *Fides et Ratio*, 21.
[182] ARISTOTELE, *Metafisica*, I,1; cit. in *Fides et Ratio*, 25.

insegnamento, per potersi istruire[183]. Lui afferma che se è ragionevole credere nei fondatori di scuole filosofiche, perché allora dire che è irragionevole credere in Cristo dove parecchie persone mettono la loro vita in pericolo per proclamare il Suo messaggio?[184] Nonostante una certa riserva con riguardo alla filosofia, Origene sostiene comunque che lo studio intellettuale sia molto importante per approfondire la fede[185]. Dopo avere elaborato una difesa della «fede semplice», contrattacca Celsus dicendo che la cristianità è credula, Origene sottolinea che nonostante il fatto di avere una lodevole «fede semplice», è tuttavia preferibile essere capaci di ragionare sulla fede per così approfondirla e perfezionarla.[186]

È Sant' Agostino che presenta una bella immagine di come l'uomo non può vivere credendo soltanto a quello che lui conosce o vede personalmente o, peggio ancora, vivere senza nessuna credenza.

> «se non si deve credere a ciò che non si conosce, mi chiedo come i figli potrebbero stare sottomessi ai genitori e come potrebbero amare con reciproco affetto coloro che non credono essere i loro genitori. Il padre, infatti, non viene conosciuto con la ragione, ma è creduto tale per l'interposta autorità della madre: e anche per la conoscenza della madre in genere non si crede alla madre, ma alle ostetriche, alle balie, ai servitori».[187]

L'uomo scopre anzitutto che lui non vive da solo, ma nasce nel mondo da una famiglia che dopo l'introduce nella società. In questa

---

[183] Cf. ORIGEN DI ALESSANDRIA, *Contra Celsum*, libro 1, cap. VII, X; libro 3, cap. LIV.

[184] Cf. *Contra Celsum*, libro 1, cap. XI; *The Assurance of Things Hoped For*, pp. 22-23.

[185] Cf. *Contra Celsum*, libro 1, cap. XIII.

[186] Cf. *Contra Celsum*, libro 1, cap. IX, XLII; HENN, W., *One Faith*, Paulist Press, New York, 1995, pp. 115-117.

[187] AGOSTINO, *Utilità del credere*, XII, 26, traduzione di O. Grassi, da Agostino, *Il Filosofo e la Fede*, Rusconi, Milano 1989, cit. in REALE, G., *Riflessioni epistemologiche sull'enciclica*, in FISICHELLA, R., ed., *Fides et ratio*, San Paolo, Cinisello Balsamo, 1999, p. 132.

esperienza di famiglia e di società, l'uomo riceve allora una formazione, una tradizione e un linguaggio come anche delle verità sulla vita e sul mondo a cui lui crede. Naturalmente, l'uomo ricerca la verità e nella sua vita quotidiana non può fare altro che vivere anche di credenza.[188] Lui crede a ciò che dice suo padre e sua madre. Dopo, crede anche a quanto dicono i suoi amici e professori. In questo movimento di ricerca e di credenza, si affida alla conoscenza e alla verità che le altre persone gli manifestano. Questo rapporto interpersonale con gli altri si fonda spontaneamente sulla fiducia che l'altro sta dicendo la verità. È una fiducia basata sulla verità stessa della vita dell'altra persona manifestata nella totalità intima del suo essere vivente. L'uomo diventa così migliore nella misura in cui si affida e si dà con fedeltà all' altro. Il suo perfezionamento non viene soltanto dall'acquisto di una conoscenza e di un sapere astratto della verità[189] ma dalla fiducia e dalla speranza di potere un giorno arrivare fino alla verità. Quindi, ricercare la verità – e ricercare una persona alla quale posso avere fiducia – si collegano.[190]

Il comportamento di credenza inizia con l'affidamento alla «verità della persona» alla quale uno si affida e si dona per dopo trovare la sua piena certezza e sicurezza nella «verità creduta».[191] Nella sua ricerca di verità – quasi inerente a essere uomo – l'uomo non ricerca soltanto delle verità incomplete o scientifiche ma tende anzitutto verso una verità assoluta capace di spiegare il senso della sua vita. La sua vita diventa così una ricerca verso la verità e verso una persona a cui

---

188 Cf. *Fides et Ratio*, 31.

189 Cf. *Fides et Ratio*, 32.

190 COTTIER, G., *Un appello rivolto ai filosofi e alla filosofia*, in FISICHELLA, R., ed., *Fides et ratio*, San Paolo, Cinisello Balsamo, 1999, p. 165.

191 REALE, G., *Riflessioni epistemologiche sull'enciclica*, in FISICHELLA, R., ed., *Fides et ratio*, San Paolo, Cinisello Balsamo, 1999, pp. 132-133.

affidarsi. La destinazione di questa ricerca sarà la sua felicità perché il complemento e la spiegazione del suo essere.

3.1.2 La verità come ponte di incontro tra la filosofia e la teologia

Il tema centrale della enciclica *Fides et ratio* è la rivelazione di Dio[192] come soluzione al problema del senso della vita. È la «stella di orientamento»[193] tra una mentalità esageratamente suggestiva e l'altra esageratamente oggettiva. Se l'uomo riesce a guardare oltre se stesso, allargando lo sguardo verso l'alto («verso le cose di sopra» – Col 3,2), gli altri, il mondo e la vita, inizierà sulla strada della verità. La verità come ponte unificatore tra la filosofia e la teologia porta a un dialogo costruttivo sull'uomo e la sua esistenza. Perché l'uomo, che desidera conoscere il vero, scopre nella verità una realtà che lo trascende. È la verità che soltanto la rivelazione comunica nella sua pienezza come valore salvifico. La rivelazione diventa quindi un punto di incontro nel percorso della fede e della ragione nella loro ricerca di verità.[194] *Fides et ratio* recupera così un elemento importantissimo della ricerca teologica e filosofica; quella dell'universalità della verità e il suo elemento salvifico. Questa è una vittoria fondamentale nell'attuale momento storico dove, come l'abbiamo già menzionato, c'è una grande «crisi del senso».[195]

È interessante notare che la difficoltà di dare senso alla vita viene spesso da una visione scientifica e tecnocratica della vita.[196] Un mondo dove tutti diventano specializzati in un punto del loro interesse producendo un sapere e una conoscenza spezzata e frammentata. Que-

[192] Cfr FISICHELLA, R., *La Rivelazione, novità radicale per la fede e la ragione*, in FISICHELLA, R., ed., *Fides et ratio*, San Paolo, Cinisello Balsamo, 1999, p. 174.
[193] Cf. *Fides et Ratio*, 15.
[194] Cf. *La Rivelazione, novità radicale per la fede e la ragione*, p. 183.
[195] Cf. *Fides et Ratio*, 81.
[196] Cf. *Fides et Ratio*, 15.

sta riduzione della mente umana crea allora una molteplicità di teorie per spiegare il mondo e la vita dando alla verità una connotazione di relatività. Una volta che la verità diventa così diversificata, nasce allora l'incertezza. Il dubbio fa nascere lo scetticismo o allora l'indifferenza. Come conseguenza, ognuno ha le proprie teorie sulla vita e sulla verità, creando una mentalità dove non esiste l'assoluto. Naturalmente, da questa mentalità, scaturisce l'interrogativo pericoloso se abbia ancora senso articolare delle domande sul senso.[197] La speranza di incontrare una vita migliore sparisce e appare allora il nulla e la disperazione.

Per non cadere in questa forma di pensiero ambiguo e nichilista, la filosofia deve aiutare l'uomo ad andare al di là della sua immanenza frammentata e rinchiusa per provocare una apertura di spirito unificata e fiduciosa. Non deve avere paura di fare dei riferimenti al trascendente, nella sua ricerca sul senso ultimo della vita. Il sapere scientifico ha dei limiti che la filosofia può e deve completare per non trasformare l'uomo in un essere meramente utilitaristico. La passione e l'amore nella sua ricerca per la verità deve diventare una priorità per la filosofia, per non fare del mondo un luogo triste e disumano.[198] La parola di Dio rivelata e manifestata è una sintesi nel cammino che la fede e la ragione compiono nella loro ricerca per la verità. È per questo che la teologia invita la filosofia ad andare con audacia alla ricerca del fondamento della vita. Questo rapporto tra la filosofia e la teologia, tra la verità e la salvezza ha costituito l'annuncio cristiano come un annuncio di verità sulla realtà dell'uomo e la sua presenza sulla terra. Non è l'indifferenza o il relativismo che libererà l'uomo dalle sue paure, ma sarà la scoperta della verità sulla propria condizione. Lasciato libero e

---

[197] Cf. *Fides et Ratio*, 81.
[198] Cf. *Ibidem*

senza preconcetti, l'uomo arriverà ad accostarsi alla realtà della trascendenza e così potrà iniziare a partecipare alla vita eterna con Dio, forma massima di libertà personale.[199]

Poiché la teologia parte sempre dalla parola di Dio e questa parola è verità, essa deve allora sempre fare una relazione fra se stessa e la ricerca umana della verità. Ma, nel momento in cui la filosofia ha la grande responsabilità di ricercare il vero,[200] c'è allora una «circolarità tra fede e filosofia»[201] che deve scaturire in un dialogo costruttivo tra le due. Il credente che ricerca la verità deve ascoltare la parola di Dio, entrato nella nostra storia, e la sua ragione deve cercare di capire questa parola. Sono due movimenti dove la fede cresce e si purifica ascoltando le scoperte e le conoscenze della scienza come anche quelle della Bibbia e della Chiesa.

È importante notare come l'enciclica menziona un concetto fondamentale dalla quale la filosofia non può disinteressarsi: è il «concetto del Dio personale»[202] che è uscito proprio dal dialogo tra la fede e la filosofia. È un concetto molto caro a Alfaro[203] che deriva dall'orientamento antropologico del pensiero e dell'essere contemporaneo inteso come «opzione fondamentale».[204] Questo concetto permette a *Fides et ratio* di presentare l'uomo come un essere fatto a immagine e somiglianza di Dio. Riprende in qualche modo l'antropologia dei rapporti che esistono nella Bibbia fra Dio e l'uomo, nella quale l'uomo è presentato come un essere in relazione: con il

---

[199] Cf. *La Rivelazione, novità radicale per la fede e la ragione*, pp. 183-184.

[200] Cf. *Fides et Ratio*, 6.

[201] Cf. *Fides et Ratio*, 73.

[202] *Fides et Ratio*, 76. RATZINGER, R., *Il significato storico di «Fide set Ratio»*, p. 126.

[203] ALFARO, J., «Attitudes fondamentales de l'existence chrétienne», *Nouvelle Revue Théologique* 95 (1973), pp. 711, 715, 719; Idem., «Certitude de l'espérance et certitude de la grâce», *Nouvelle Revue Théologique* 94 (1972), pp. 10, 36, 38; *Foi et existence*, pp. 565, 566, 568.

[204] Cf. *De la cuestión*, pp. 225, 274. PIÉ-NINOT, S., *La teologia fondamentale* (2001), tr. it. Queriniana, Brescia 2007, p. 195.

mondo, gli altri, la storia e il suo creatore. In questa relazione Dio si manifesta e si rappresenta nell'uomo dando alcune indicazioni riguardo il suo essere, la sua libertà e la sua immortalità. Il senso dell'esistenza umana può essere distrutto da un concetto sbagliato di autonomia e di libertà soggettiva. L'uomo, nella sua libertà, non può vivere rinchiuso ma deve vivere con la libertà degli altri e soprattutto con quella di Dio. Con l'illusione di essere autosufficiente e prepotente, l'uomo incomincia a ignorare Dio per dopo ignorare gli altri distruggendo così l'armonia della sua esistenza.[205] Nasce allora il male. È una conseguenza tragica del modo disordinato con cui l'uomo utilizza ed esprime la sua libertà. È soltanto in Gesù Cristo che l'uomo troverà le risposte sul senso della sua esistenza perché Lui è la pienezza dell'esistenza umana e la sua «stella di orientamento».[206]

La filosofia che si trova nella Bibbia rifiuta il relativismo e il materialismo come elementi che distruggono l'esistenza umana. Invece, la vita umana e il mondo sono presentati come avere un senso alla luce di Gesù Cristo. Per essere autentica, la filosofia deve aprirsi alla metafisica dicendo «si» alla capacità dell'uomo di raggiungere la verità.[207] L'uomo deve andare al di là del fenomeno e delle apparenze pragmatiche e materialistiche. Purtroppo, le cose che non appaiono non sono oggi presi in considerazione. La grande sfida del mondo contemporaneo è di andare al di là del fenomeno e di scoprire la dimensione metafisica della bellezza e della verità. È urgente fare il passaggio «dal fenomeno al fondamento»[208] dove il reale coinvolge tutti gli aspetti della vita e dell'essere umano. La sola esperienza non è suffi-

---

[205] Cf. *Fides et Ratio*, 80.
[206] *Fides et Ratio*, 15.
[207] RATZINGER, J., *Il significato storico di «Fide set Ratio»*, p. 127.
[208] *Fides et Ratio*, 83.

ciente ma bisogna anche riflettere in modo speculativo sull'esistenza dell'uomo e la sua presenza nel mondo.

La Rivelazione è molto di più che un'esperienza perché la «parola di Dio fa continui riferimenti a ciò che oltrepassa l'esperienza».[209] Il pensiero umano è libero di andare al di là dell'esperienza e con l'immaginazione sale verso la metafisica. Se l'uomo fosse stato rigidamente ristretto al mondo dell'esperienza concreta, non avrebbe potuto utilizzare il suo pensiero liberamente. La metafisica deve, dunque, essere utilizzata nelle indagini filosofiche e teologiche se vogliamo abbracciare tutta la realtà fisica e spirituale dell'uomo. Se le questioni ultime della vita dell'uomo non sono prese in considerazione, la ragione umana con la sua ricerca ed elaborazione diventa vuota di senso e noiosa. Infatti succede che Dio, l'uomo nelle sue due realtà sia razionale e spirituale, e la morte non sono molto presenti nel pensiero e negli scritti della società contemporanea. Al contrario, il concetto di Dio è stato ucciso da parecchi filosofi moderni. Nietzsche, per esempio, pronunciò la morte di Dio già nel 1882![210] Con la morte di Dio, l'uomo ha perso il senso di arrivare alle cause ultime della vita.[211] Questa uccisione di Dio nella mente umana, e il trionfo della tecnica, non può che creare un mondo triste, indifferente e nichilista con la normale conseguenza di fare dell'uomo un disabile esistenziale. Questa mentalità moderna, in nome di una libertà difettosa, ha prodotto un uomo ridotto a essere un oggetto, una cosa. È una crisi del soggetto dove la morte di Dio nella mente dell'uomo ha messo in difficoltà la centralità del soggetto. Di conseguenza, l'uomo ha perduto la

---

[209] *Ibidem*

[210] Cf. NIETZSCHE, F., *The Joyful Wisdom* ("La Gaya Scienza"), Complete Works, Volume Ten, T.N. Foulis, London, 1910, Book Third, 109, 125, Book Fifth, 343; HAFFNER, P., *The Mystery of Reason*, Gracewing, Herefordshire, 2001, p. 139.

[211] Cf. DOTOLO, C., *Secolarismo e nichilismo in «Fides et ratio»*, in FISICHELLA, R., ed., *Fides et ratio*, San Paolo, Cinisello Balsamo, 1999, p. 267.

sua dignità di uomo. La libertà dell'uomo ha bisogno della verità per andare sulla strada retta e la verità ha bisogno della libertà per andare oltre il pragmatismo fenomenologico.[212]

3.1.3 Dal fenomeno al fondamento

L'enciclica *Fides et ratio* invita a riprendere le grandi questioni del senso della vita alla luce del credere e del pensare. Dopo la grande scissione provocata dall'illuminismo tra la fede e la ragione, è successa una frammentazione del sapere che, secondo l'enciclica, ha favorito una regressione della ragione umana. Questa degradazione ha in qualche modo semplificato la mente umana condannandola a delle finalità utilitaristiche e pragmatiche.[213] La ragione, in un certo senso, «si è curvata su se stessa»[214] abdicando ad essere una manifestazione dell'intelletto critica e reale dell'uomo. Progressivamente è diventata l'oggetto di se stessa interessata di conoscere e imparare le cose senza preoccuparsi di relazionare e capire il fondamento delle cose. «La settorialità del sapere – scrive Giovanni Paolo II –, in quanto comporta un approccio parziale alla verità con la conseguente frammentazione del senso, impedisce l'unità interiore dell'uomo contemporaneo».[215] In due parole, potremo dire che il conoscere ha preso il posto dell'essere. Una «chiusura mentale» dovuta alla mancanza di vedere tutta la cornice della realtà umana allargando lo sguardo e contemplando l'insieme. Oggi, la ragione incomincia a pagare la sua rinuncia con la banalizzazione del senso e l'indifferenza di fronte all'esistenza. È l'epoca della

---

[212] Cf. *La Rivelazione, novità radicale per la fede e la ragione*, 184; RATZINGER, J., *Il significato storico di «Fide set Ratio»*, p. 128.

[213] Cf. *Fides et Ratio*, 47, 81.

[214] *Fides et Ratio*, 5.

[215] *Fides et Ratio*, 85.

«post-modernità»[216] con le sue miopie e debolezze scettiche irrazionali. La frammentazione del sapere ha di conseguenza prodotto una cultura dove non ci sono più certezze e ancora di meno degli assoluti. Senza convinzione, l'uomo deve imparare a vivere ormai senza un senso alla sua vita. In nome di una ermeneutica che non vuole guardare in faccia la realtà globale della vita, tutto diventa giustificato alla luce dell'interpretazione immaginaria di ognuno. Non c'è più niente di assoluto o di stabile, [217] il provvisorio e il fuggevole sono i frutti della nuova mentalità del monouso. Il pensiero nichilistico ha incominciato a dominare la società e ha imporre le sue regole «politicamente corrette». Le nuove norme per tutta la società sono adesso basate su un «pensiero debole» con una ragione vuota.[218] In nome del pluralismo, il nichilismo respinge tutto quello che è fondante e produce una indifferenza verso la verità quindi verso di Dio. Insomma, una vera mentalità che produce angoscia e scoraggiamento. Non per nulla Giovanni Paolo II avverte che «una delle maggiori minacce, in questo fine secolo, è la tentazione della disperazione».[219] È per questo che c'è urgenza di riscoprire e incoraggiare la sapienza della verità di modo da potere accogliere e abbracciare il fondante della vita. *Fides et ratio* invita ad aprire la ragione a questa realtà globale della vita e a ridiscutere la rottura illuministica tra la fede e la ragione. Per questo, bisogna guardare avanti e avanzare verso la radice del problema che è davvero il rapporto tra l'uomo e la verità, la fede e la ragione, la questione del senso e

---

[216] *Fides et Ratio*, 91; CACCIAPUOTI, P., «Attualità di Blondel nell'età postmoderna», *Asprenas* 41 (1994), p. 98; OLIVIER, P., «Provocation chrétienne et réflexion philosophique. L'intention de Maurice Blondel», *Recherches de Science Religieuses* 81 (1993), pp. 373-374; SARTORI, L., «Per una metafisica dell'amore», *Studia Patavina* 50 (2003), pp. 29, 30.

[217] Cf. ALICI, L., *La filosofia tra verità e sapienza*, in FISICHELLA, R., ed., *Fides et ratio*, San Paolo, Cinisello Balsamo, 1999, p. 246.

[218] DOTOLO, C., *Secolarismo e nichilismo in «Fides et ratio»*, in R. FISICHELLA, ed., *Fides et ratio*, San Paolo, Cinisello Balsamo, 1999, p. 270.

[219] *Fides et Ratio*, 91.

quella della Rivelazione. Ecco perché Giovanni Paolo II incomincia l'enciclica con l'immagine suggestiva delle due ali dello spirito umano che volano all'unisono tra la fede e la ragione. L'essere umano è un solo ente ma con due componenti che devono rimanere e operare insieme.

La crisi della ragione non si risolve, secondo *Fides et ratio*, con una semplice esperienza del sensibile, ma con l'apertura alla metafisica. Nella sua ricerca conoscitiva, la ragione deve avere il coraggio e l'audacia di considerare e eventualmente abbracciare la metafisica.[220] La teologia, dunque, deve incoraggiare la filosofia ad andare oltre il sensibile e trascendere i dati empirici per arrivare a qualcosa di assoluto e di fondante. L'uomo è capace di arrivare a una nozione di bene supremo facendo un'analogia con la realtà vissuta. Il bene e la verità trascendono l'empirico e l'uomo, e per causa della sua dimensione spirituale, l'uomo riesce a elevarsi a questo livello. La metafisica non deve essere considerata come una alternativa all'antropologia ma un complimento e un aiuto. Negare l'aspetto spirituale e trascendente dell'uomo sarebbe una riduzione della persona. L'uomo, nella sua dignità di persona corporale e spirituale fa degli incontri con se stesso, gli altri, la bellezza, i valori morali... con Dio stesso. In questi incontri diventa più lui perché davanti allo stupore della metafisica la vita prende un senso. È urgente per l'umanità fare il passaggio dal fenomeno al fondamento per non perdere questa dimensione spirituale indicativa della realtà divina. L'esperienza umana, come ha intuito Alfaro,[221] deve essere l'inizio e non la fine del pensiero dell'uomo perché la parola di Dio oltrepassa qualche esperienza fenomenologica. Se la conoscenza dell'uomo fosse stata limitata al mondo

[220] *Fides et Ratio*, 83.

[221] Cf. ALFARO, J., *Dal problema dell'uomo al problema di Dio* (1988), tr. it. Queriniana, Brescia 1991, p. 19.

dell'esperienza sensibile, Dio non si sarebbe potuto rivelare. La filosofia non deve avere paura di considerare la metafisica che diventa un autentico legame con la teologia; essa non si deve fermare alla conoscenza delle cose ma deve andare verso quella dell'essere con l'apertura piena e globale della realtà.[222] Poiché il credente sa che la parola di Dio rivela il senso pieno della vita, egli non può conservare questo dono per se stesso, deve impegnarsi ad annunciarlo e farlo conoscere attorno a sé, in tutta la sua realtà globale. In questo modo, la parola Dio attingerà un significato più umano e comprensibile. Una volta umanizzato il senso divino di Dio, potremo invitare la «filosofia a impegnarsi nella ricerca del fondamento naturale di questo senso».[223] L'uomo diventerà allora più uomo nella misura in cui scoprirà di essere capace di conoscere ciò che lo trascende nel bello, buono e vero, affidandosi al Vangelo e aprendosi a Cristo.[224] È soltanto con una autentica filosofia illuminata da una sana teologia che l'uomo farà senso della sua vita.

3.2 *«Spe Salvi»: La vita non è vuota di senso perché c'è sempre la speranza*

Nella seconda enciclica di Papa Benedetto XVI (2007) pubblicata quasi 20 anni dopo la *Fides et ratio*, scopriamo una affinità con la proposta di Alfaro e forse anche un perfezionamento del modo di comprendere il ruolo centrale della speranza e dell'amore nell'esistenza umana per così dare un senso alla vita.

Innanzitutto la vita, ci ricorda Benedetto XVI, non è vuota di senso[225] – essendo chiaro il riferimento a diversi filosofi fra i quali J. P.

---

[222] Cf. *Fides et Ratio*, 97.
[223] *Fides et Ratio*, 81.
[224] Cf. *Fides et Ratio*, 102.
[225] Cf. BENEDETTO XVI, Lettera Enciclica *Spe Salvi*, 2007, p. 5.

Sartre[226] e F. Nietzsche,[227] – ma è sempre in attesa di un futuro e di una giustizia migliore. Laddove l'uomo dà il proprio assenso e la propria fiducia al Messaggio di Cristo, c'è spazio per la giustizia, come manifestazione dell'amore di Dio per noi, e per la fede nella speranza della vita eterna. Una circolarità, dunque, fra le tre virtù teologali che si completano e si manifestano nell'atto totale dell'esistenza dell'uomo; questo atto che coinvolga tutta la persona è secondo Benedetto XVI, l'atto di fede, un atto che trasforma e cambia l'esistenza dell'uomo.

> «La "redenzione", la salvezza, secondo la fede cristiana – scrive Benedetto XVI nell'introduzione della Spe Salvi – non è un semplice dato di fatto. La redenzione ci è offerta nel senso che ci è stata donata la speranza, una speranza affidabile, in virtù della quale noi possiamo affrontare il nostro presente».[228]

La fede e la speranza sono così collegate nella Sacra Scrittura che sembrano davvero interscambiabili (cf. Eb 10,22). Anche Moltmann dice che la speranza è il «compagno inseparabile» della fede.[229] Per esempio, nella prima lettera di Pietro, i cristiani sono invitati ad essere sempre pronti a dare ragione della loro speranza (cf. 1Pt 3,15).[230] Questo atteggiamento equivale ad avere una fede robusta nelle promesse del Vangelo che cambiano la vita. Il cristianesimo non è soltanto una «buona notizia» di carattere «informativo» ma è tale anche in senso «performativo»[231], nel senso cioè che esso spiega e dimostra le ragioni della speranza. Ciò equivale a dire che il Vangelo non è solo una co-

---

226 Cf. SARTRE, J. P., *La nausée,* Éditions Gallimard, Paris, 1938.

227 Cf. COPLESTON, F., *Friedrich Nietzsche, Philosopher of Culture*, Barnes & Noble, New York, 1975, p. 203.

228 *Spe Salvi*, 1.

229 Cf. MOLTMANN, J., Theologie der Hoffnung, München, 1964, tr. it. Teologia Della Speranza, Queriniana, Brescia, 2002, p. 14.

230 Cf. *Spe Salvi*, 2.

231 Cf. *Ibidem.*

municazione di notizie e di informazioni interessanti da studiare razionalmente ma è anche una comunicazione profonda che tocca il cuore tanto da cambiare concretamente la vita dell'uomo.

Riprendendo il concetto alfariano della fede come un atteggiamento personale e fondamentale,[232] *Spe Salvi* propone che il cambiamento di vita avviene perché il credente scopre che c'è appunto un Dio personale.[233] Questo Dio non è indifferente e estraneo alla nostra situazione terrena. Lui, che regge il cosmo e la natura, si è rivelato come Amore nella persona di Gesù Cristo. La vita non è un semplice prodotto casuale delle leggi della materia, come sosteneva Heidegger affermando che siamo «gettati» nella vita,[234] ma viene dalla volontà personale di Dio in Gesù Cristo. Essendo allora Dio un Dio personale, è possibile conoscerlo e ci conosce in modo che non facciamo della natura e degli elementi naturali l'ultimo obiettivo della vita.

3.2.1 La speranza e la fede cambiano la vita

Il senso della vita per i primi cristiani era interpretato utilizzando due immagini di Cristo: uno del filosofo e l'altro del pastore. Queste due rappresentazioni si vedono ancora oggi sugli antichi sarcofagi cristiani. La filosofia non era inizialmente vista come una disciplina complicata come si presenta oggi; il filosofo era un uomo saggio che sapeva insegnare l'arte del vivere e del morire. Utilizzava un metodo che possiamo chiamare «vissuto» basato sull'incontro con la verità e la realtà della vita profonda. È per questo che gli anziani cercavano sempre il buon filosofo per aiutarli a capire il senso dell'essere e della vita e cosi diventare pienamente uomini. L'immagine del pastore invece

---

[232] Cf. PIÉ-NINOT, S., *La teologia fondamentale* (2001), tr. it. Queriniana, Brescia 2007, pp. 195-196.

[233] Cf. *Spe Salvi*, 5.

[234] HEIDEGGER, M., *Sein und Zeit* (1927), tr. it. *Essere e Tempo*, a cura di Pietro Chiodi, Longanesi & C., Milano, 1976, pp. 204, 211, 220, 237, 240.

era simile a quello del filosofo con una nota più simpatica puntando verso una vita felice e senza problemi. È vero che il pastore sperimentava anche lui la morte e la sofferenza ma conosceva anche la verità che lo rendeva ottimista, libero e speranzoso in una vita migliore.[235]

Nella lettera agli Ebrei, troviamo una definizione della fede che si collega molto bene con la speranza. «La fede è fondamento, (hypostasis) delle cose che si sperano, e prova di quelle che non si vedono» (Eb 11, 1). Nel Medioevo la parola «hypostasis» era tradotta come «substantia» nel senso soggettivo di atto interiore della persona che deve consentire oggettivamente a ciò che non si vede ma che è già presente in noi. Non di semplice realtà interiore di tipo soggettivo come «convinzione» ma quella oggettivo come «prova» di quello che già è presente in noi come «germe» dinamica della vera vita. La fede infatti ci dà qualcosa e cambia il presente perché, appunto, esiste una realità futura che portiamo già dentro di noi.[236]

Nel rito del battesimo si fa la domanda: «cosa ti dona la fede?» e si risponde: «la vita eterna» (Gv 3,16; 5,24). La vita eterna è dunque la sostanza, cioè l'oggetto della speranza cristiana.[237] Come la vita degli uomini sulla Terra è impegnativa, piena di sofferenze e di ostacoli che culminano nella morte, la speranza nella vita eterna trasforma il vuoto del nulla in una nuova vita. Una vita felice di fiducia e di amore verso il creatore. Nessun uomo vuole morire, come nessun uomo vuole vivere eternamente in una Terra infelice e sofferente. Questa contraddizione ci fa capire che non sappiamo esattamente cosa intendiamo quando desideriamo una «vita eterna», non sappiamo se vogliamo cioè una vita felice, senza morte e sofferenze, che sarebbe la «vera vita» o qualcos'altro. Infatti, cerchiamo di mettere in un lin-

---

[235] Cf. *Spe Salvi*, 6.
[236] Cf. *Spe Salvi*, 7.
[237] Cf. *Spe Salvi*, 10.

guaggio umano, finito e imperfetto, un desiderio del cuore e dello spirito. Un desiderio che trascende il linguaggio perché è qualcosa di più del creato. Utilizziamo l'espressione «vita eterna» perché non abbiamo un'altra parola o un'altra espressione per designare questo desiderio profondo e impalpabile dello spirito umano. L'idea dietro il concetto della «vera vita» è davvero una «cosa ignota» e misteriosa. Ma è verso di essa orientata tutta la speranza cristiana. Nella nostra prigione della temporalità, difficilmente possiamo capire tutta la realtà atemporale ma l'«amore» sarebbe certamente la migliore parola per designare quest'accoglienza nella vita eterna che sarebbe la vera vita. Si dice vita ignota perché sconosciuta dalla realtà conosciuta ma è una vita nella quale «nessuno potrà togliere la vostra gioia» (Gv 16, 22).[238]

Tuttavia, vi è stata una grande critica da parte del mondo moderno contro un certo tipo di speranza individualistica con la quale i cristiani avrebbero dimenticato l'amore degli uni per gli altri abbandonato il mondo nella sua miseria per rifugiarsi in una vita di salvezza privata.[239] Si tratta di una critica nata, in parte, da un concetto errato della vita religiosa contemplativa. Vi sono sempre state, nella storia cristiana, persone con il desiderio di vivere pienamente la fede abbandonando la «hyparchonta»[240] (sostanza materiale della vita) per dedicarsi totalmente alla contemplazione di Dio, pur senza dimenticare la responsabilità collettiva. Tale atteggiamento non può essere visto come individualistico, essendo invece mosso da una spinta di carattere universalistico, a tal punto che S. Bernardo di Chiaravalle riteneva che i monasteri dovessero appunto preparare le anime per il paradiso abbattendo la superbia, e dunque anche in favore degli altri e per la loro salvezza.[241]

---

[238] Cf. *Spe Salvi*, 12.
[239] Cf. Moltmann, J., *Teologia Della Speranza*, pp. 319-320.
[240] Cf. *Spe Salvi*, 13.
[241] Cf. *Spe Salvi*, 15.

3.2.2 La fede e la speranza nel progresso.

Nonostante questa riflessione, vi è stato uno sviluppo nella società cristiana che ha portato ad interpretare il concetto della «salvezza delle anime» come una fuga dalla responsabilità per l'insieme. Secondo Francesco Bacone[242] ciò si sarebbe verificato a causa della nuova correlazione fra scienza e prassi che avrebbe portato ad un cambiamento dell'oggetto della stessa speranza cristiana prima riconosciuta nella fede, nella salvezza eterna, poi nella fede e nel progresso. Si tratta di una nuova formulazione della fede da parte di spiriti sempre più materialisti per i quali non vi è una vera e propria negazione della fede, ma uno spostamento della stessa in una dimensione privata o platonica della vita.

La fede nel progresso fa nascere due nuove categorie che diventano centrali per l'era moderna: la ragione e la libertà. Il progresso diventa allora lo sviluppo verso una libertà perfetta e totale della ragione al fine di creare il nuovo regno di Dio che, in prospettiva materialista, ha la possibilità di cambiare tutte le cose. Marx è un buon esempio di questo pensiero ma, nella sua rivoluzione materialista basata sull'economia, ha dimenticato che la libertà umana rimane sempre una vera libertà. Ciò vuol dire che l'uomo è libero di fare il bene ma anche di fare il male. Nella sua proposta, Marx ha dimenticato che l'uomo è sempre un uomo, «non è solo il prodotto di condizioni economiche»[243], ha anche un cuore e uno spirito libero, una interiorità che possono cambiare verso il bene o il male.

Ma allora, cosa significa il termine «progresso»? Il filosofo e sociologo tedesco, Theodor W. Adorno, ha definito la fede nel progresso come un «progresso dalla fionda alla megabomba».[244] Non è una defi-

---

[242] Cf. *Spe Salvi*, 16.
[243] *Spe Salvi*, 21.
[244] *Spe Salvi*, 22.

nizione molto positiva e incoraggiante per il futuro del progresso umano. Per Adorno, e molti altri pensatori, la fede nel progresso è un fatto ambiguo e contraddittorio. Da una parte, il progresso ci offre delle possibilità di fare il bene ma anche di fare il male. *Fides et ratio* ci ricorda che con il progresso tecnico deve esservi altresì un progresso etico, cioè una crescita dell'uomo interiore (cf. Ef 3,16; 2Cor 4,16) per capire fino a che punto può arrivare la libertà umana.[245]

Il discernimento tra il bene e il male è un grande dono di Dio che permette alla ragione umana di vincere l'irrazionalità. Altrimenti, lo squilibrio tra la capacità tecnica e la mancanza del giudizio del cuore sarà sempre una grande minaccia per l'uomo e per la terra. L'uomo ha bisogno della fede in Dio perché in caso contrario la sua vita resterà priva di speranza: per questo la ragione umana ha bisogno della fede.

La fiducia nella scienza può aiutare molto nell'umanizzazione del mondo ma non possiamo dimenticare che può anche distruggere il mondo. Purtroppo, di fronte al successo della scienza e all'organizzazione del mondo, il cristianesimo contemporaneo e anche (hélas!) il cattolicismo si sta chiudendo su se stesso in modo da concentrarsi particolarmente sull'individuo, sulla natura e anche sulla condizione materiale più che spirituale.[246]

Ma la scienza e la natura non possono salvare l'uomo. L'uomo viene redento soltanto per mezzo di un amore completo e totale (cf. 1Cor 13,1-13). L'amore umano può dare un nuovo senso alla sua vita ma non può risolvere da solo tutti i suoi problemi perché l'amore semplicemente umano può anche essere distrutto dalla morte. Per avere una redenzione completa, l'uomo ha bisogno di un amore incondizionato

---

[245] *Ibidem*

[246] Cf. MIGUEL, J.M. DE, *Revelación y fe. La teología de Juan Alfaro*, Secretariado Trinitario, Salamanca, 1983, p. 395; Cf. CUNIBERTO, F., *Madonna povertà. Papa Francesco e la rifondazione del cristianesimo*, Neri Pozza Editore, Vicenza, 2016.

in cui non ci sia «né morte, né vita» (Rm 8,38).[247] Questa salvezza si trova nello Spirito (Tt 3,5-7) che in Gesù si è rivelato come Amore (1Gv 4,7-19).[248] L'amore che redime deve essere assoluto e non potrà che implicare una certezza ed una speranza assoluta. Solo allora l'uomo sarà «redento» (cf. Gal 2,20). Questa redenzione completa e sicura si compie con la fede nella persona di Gesù; una fede che crede che Gesù sia il redentore non è la fine della speranza, ma è la certezza della speranza (cf. Eb 2,1).[249] «In questo senso è vero che chi non conosce Dio, pur potendo avere molteplici speranze, in fondo è senza speranza, senza la grande speranza che sorregge tutta la vita (cf. Ef 2,12)».[250] Con questo quadro di fondo si può incominciare a capire di che tipo di speranza ci parla il rito del Battesimo. La «vita eterna» che desideriamo nel Battesimo è quella vera e piena, senza pericoli e sofferenze che ci offre Gesù: «Questa è la vita eterna: che conoscano te, l'unico vero Dio, e colui che hai mandato, Gesù Cristo (Gv 17,3)». È una vita personale di relazione e di amore mutuo tra la creatura e il creatore, dove la creatura si abbandona con fiducia nelle mani del creatore perché è Lui l'origine della vita.

Ma, non cadiamo ancora una volta nel concetto di una redenzione individualistica? Dove lo sforzo di andare verso la salvezza sarebbe esclusivamente un atteggiamento personale di speranza per me e non per tutti? Al contrario, nonostante il fatto che la mia relazione con Gesù è personale, questo non vuole dire che deve anche rimanere chiusa ed esclusivista. Gesù non si è offerto soltanto per me ma si è dato in riscatto per tutti noi (cf. 1Tm 2,6) perché «Cristo è morto per tutti»

---

[247] Cf. *Spe Salvi*, 26.
[248] Cf. CATECHISMO DELLA CHIESA CATTOLICA, 214-221.
[249] Cf. MOLTMANN, J., *Teologia Della Speranza*, p. 234.
[250] *Spe Salvi*, 27.

(2Cor 5,15)[251] e non soltanto per me. Per essere dunque in comunione con Cristo, anche io ho bisogno di essere «per tutti» nella mia vita con gli altri.

3.2.3 I «luoghi» della fede, della speranza e della carità

Nell'enciclica di Benedetto XVI, l'atto di fede torna regolarmente in una circolarità fra le tre virtù teologali – illuminati dall'amore –, le quali solo possono cambiare l'uomo in profondità. Benedetto XVI termina la sua enciclica presentando dei «luoghi» nei quali la speranza è manifestazione della fede cristiana: il pregare ma anche l'agire, il soffrire e l'attendere il Giudizio di Dio. La fede diventa così una sintesi circolare fra abbandono, fiducia e altruismo.

In tutto ciò la preghiera occupa il primo posto perché è cosi che si «allarga il cuore» verso Dio e verso gli altri. La preghiera è atto di purificazione interiore personale mediante il quale l'uomo diventa «capax Dei» (capace di Dio) come dice S. Tommaso,[252] per poi essere capace, aperto e sensibile verso gli altri in un atteggiamento di solidarietà con Cristo dice Alfaro.[253] Una volta che l'uomo è conquistato dall'amore di Dio, la speranza si manifesta nel divenire «ministri della speranza per gli altri»[254] perché l'amore di Dio e l'amore del prossimo sono relazionati tra di loro di modo inerente.[255]

Dio vuole che noi diventiamo suoi «collaboratori»[256] lavorando, per mezzo della giustizia, della verità e dell'amore per il regno di Dio. Non possiamo «meritare» il cielo con le nostre opere (cf. Ef 2,8-9; Tt 3,5), perché il regno di Dio è anzitutto un dono del Signore che si deve

---

[251] *Spe Salvi*, 28.
[252] TOMMASO D'AQUINO, *Summa Teologica*, III, q. 6, a. 2c.
[253] Cf. *Speranza cristiana*, p. 110.
[254] *Ibidem*.
[255] *Speranza cristiana*, p. 111.
[256] *Spe Salvi*, 35.

sperare con tutto il cuore. Ma la nostra attività non è indifferente a Dio perché non viviamo isolati nel mondo.

La sofferenza è il luogo di speranza prediletta dove si può avere una crescita della fede. Nonostante il dovere che abbiamo di fare tutto il possibile per diminuire la sofferenza, dobbiamo imparare come accettarla e come superarla per mezzo dell'amore. La fuga di fronte alla sofferenza non è una soluzione duratura: è l'accettazione della sofferenza che alla fine guarisce l'uomo. Una persona diventa veramente più umana quando soffre con l'altro e per l'altro in un atto di amore speranzoso.

Il Giudizio di Dio è speranza per gli uomini perché basato sulla grazia dell'incarnazione. Dio ha tanto amato l'umanità da mandare il Suo Divino Figlio Gesù in mezzo a noi. La speranza nel Giudizio di Dio si appoggia dunque sulla grazia misericordiosa di Dio che ha collegato tali misteri nel mistero dell'incarnazione. La fede in Cristo guarda la giustizia perché essa è anche grazia. Questa fede nel Giudizio finale che ricordiamo nel Credo – «verrà nella gloria per giudicare i vivi e i morti»[257] – è anzitutto una grande speranza nella grazia misericordiosa di Dio per tutti gli uomini, perché un mondo senza Dio è un mondo senza speranza (cf. Ef 2,12). Nessuno vive da solo né si salva da solo ma in confronto con se stesso, la dimensione comunitaria è primordiale:[258] ecco perché la speranza deve sempre essere anche speranza e amore per la salvezza degli altri avendo così «fatto il massimo anche per la mia salvezza personale».[259]

---

[257] CATECHISMO DELLA CHIESA CATTOLICA, 184; *Spe Salvi*, 41.
[258] *Speranza cristiana*, p. 17.
[259] *Spe Salvi*, 48.

3.2.4 L'amore, manifestato dalla fede e della speranza, da un senso alla vita

Per Benedetto XVI e Juan Alfaro, la salvezza non è una semplice emancipazione dell'uomo ma il frutto di un amore incondizionato compiuto nella redenzione di Cristo.[260] La salvezza è un dono, una grazia di fronte alla quale l'uomo deve soltanto aprirsi per poterla accogliere. La fede non è un atto personale ma coinvolge anche Dio che ci dona qualcosa nel presente per il futuro.[261] Sperimentare il dono di Dio significa credere in una vita migliore con la speranza della fede che cambia il cuore, ma è anche evidente, secondo Benedetto XVI, che l'uomo ha bisogno di una fede e di una speranza che vadano oltre la vita attuale per scaturire nell'Amore totale. Dio è la grande speranza per l'umanità perché avvolge tutto il cosmo con il Suo amore per ogni singolo uomo come anche per l'umanità nel suo insieme.[262]

La preghiera come luogo per apprendere a sperare mette in gioco la vita di tutti gli uomini. «Dio entra veramente nelle cose umane solo se non è soltanto da noi pensato, ma se Egli stesso ci viene incontro e ci parla».[263] L'uomo che ha un cuore aperto al trascendente è sempre capace di Dio perché diventa un possibile ricettacolo della grazia. Uno dei difetti del cristianesimo moderno è l'atteggiamento ateo,[264] personalistico ed individuale[265] di volere vivere e salvarsi da soli senza preoccuparsi della salvezza e del bene degli altri. Secondo Benedetto XVI e Juan Alfaro, la fede non è un'attitudine egoista e privata

[260] Cf. *Spe Salvi*, 26; *Speranza cristiana*, p. 166.
[261] Cf. *Spe Salvi*, 7.
[262] Cf. *Spe Salvi*, 30-31.
[263] *Spe Salvi*, 23.
[264] *Gaudium et spes*, 19-21.
[265] *Gaudium et spes*, 30, 32.

nell'attesa di un futuro personale ma implica la vita vissuta nell'atto caritativo ed amoroso di desiderare la salvezza degli altri.[266]

Poiché la scienza e il progresso non possono salvare e ancora di meno redimere il mondo,[267] il cristianesimo deve ritrovare la centralità dell'amore come unica fonte della redenzione (1 Cor 13, 1-13). È solo dilatando la speranza che possiamo anche dilatare la fede e l'amore perché, come sostiene Moltmann, la speranza apre la fede «all'onnicomprensivo futuro di Cristo».[268]

La speranza allarga la ragione per capire il grande amore della giustizia di Dio. L'esperienza di un grande amore dà senso alla vita trasformando l'uomo nel suo cuore e nel suo spirito. È l'esperienza di un tipo di redenzione coinvolta nell'amore che interpella verso l'aldilà.[269] La speranza e la fede non sono il frutto delle nostre sole forze, ma un evento in cui Cristo viene liberamente a noi. È solo nella luce e nell'amore di Cristo che la speranza cristiana può trasformare e dare senso al mondo facendo rivivere la fede. Oggi, offrire speranza ad ogni uomo deve essere il principale obiettivo della Chiesa perché «*Spe Salvi facti sumus*, nella speranza siamo stati salvati» (Rm 8,24).[270]

---

[266] Cf. *Spe Salvi*, 13; *Speranza cristiana*, p. 193.
[267] Cf. *Spe Salvi*, 26.
[268] MOLTMANN, J., *Teologia Della Speranza*, p. 14.
[269] Cf. *Ibidem*.
[270] *Spe Salvi*, 2007, 1.

4. Conclusione

Se ho presentato la problematica sul senso della vita e dell'esistenza dell'uomo, è perché egli si trova in una grave crisi, che coinvolge la società e il mondo. Non avendo una chiara nozione della globalità della sua esistenza, l'uomo entra in crisi esistenziale degenerando in una perdita della fede e della speranza nella vita. La tristezza incomincia a dominare la sua vita e l'indifferenza a indebolire la società. L'uomo diventa così depresso e finisce per annientare la costituzione del suo stesso essere influenzando: la cultura, la religione, la politica, la scienza e la morale. Crolla in un'apatia persistente, in cui la vita è banalizzata a tal punto che non vale più nulla: il futuro, per l'uomo moderno, non ha allora più significato. Ciò provoca la scomparsa del sorriso sul suo volto, il diffondersi della tristezza in una vita angosciata e senza orientamento. In questa nuova società, sul baratro della disperazione, l'uomo occidentale ha bisogno di risalire alle sue radici cristiane per riscoprire il pieno senso della sua vita e il sorriso sulle labbra.

Nella sua riflessione esistenziale–fenomenologica–trascendentale, Alfaro cerca di ridestare l'uomo dal suo letargo e confronta la sua esperienza in relazione al mondo, agli altri, alla storia e alla morte. Questi esistenziali (mondo, altri, storia e morte) sono utilizzati da Alfaro per scoprire, per mezzo di un linguaggio antropologico, l'esistenza dell'Assoluto. Essendo incommensurabile, la realtà su Dio, per Alfaro non potrà essere dimostrabile con i mezzi umani – allontanandosi dalla teologia proposizionale del pre-Concilio – ma potrà soltanto essere mostrata come un'opzione autenticamente umana e ragionevole. È per questo che il nostro autore incomincia il suo percorso teologico con l'approccio della filosofia. Egli utilizza un metodo razionale per dimostrare la finitezza e la limitatezza dell'uomo di fronte alla realtà globale della vita. Se l'uomo avrà il coraggio di espletare la sua «fede razionale» fino in fondo, ci dice Alfaro, arriverà alla fede cristiana.

La fenomenologia della vita, vissuta dall'uomo, orienta la sua esistenza verso una realtà di ricerca quotidiana per il senso della vita stessa; tale ricerca nasce dal desiderio di capire se stesso svelando un'altra realtà che va al di là della persona umana evidenziata dalla speranza. Come l'abbiamo visto precedentemente, quest'ultima oltrepassa la corporalità razionale dell'uomo sfidando i limiti della sua esistenza. È un atteggiamento esclusivamente umano che si prefigge di procurare un senso alla vita. Questa ricerca nasce dalle sue relazioni ed esperienze con se stesso, gli altri, il mondo e la morte. Anche la sua esperienza, nell'azione di trasformare il mondo e la natura, è una chiave per vedere la ricerca che l'uomo compie per dare un senso alla sua vita. Tale ricerca nasce dall'espletamento della sua libertà la quale rende la sua esistenza significativa, considerando che egli è sempre chiamato ad essere più se stesso. Una totalità della sua persona che lo trascende e dalla totalità completa di essere-creato coinvolgendo la sua realtà razionale e spirituale. Esercendo la sua libertà di pensiero e di azione, l'uomo sente, nella sua esistenza, una «speranza-sperante» che lo motiva a realizzare ciò che lui non è. Questa realtà antropologica della speranza umana è alla base della teologia di Alfaro e si riflette anche nella *Spe salvi* di Benedetto XVI. Il fatto che l'uomo voglia sempre andare oltre se stesso è la dinamica della speranza e della fede; conseguentemente, si apre una prospettiva per una riflessione antropologico-soteriologico della realtà umana. La realtà della vita quotidiana dell'uomo, con la sua libertà e la sua convivenza con gli altri e la morte, gli fa desiderare il significato della vita per capire la trascendenza della sua esistenza.

La speranza è il frutto innato dell'esperienza dinnanzi all'esistenziale della vita. Nell'antropologia di Alfaro, abbiamo visto come il processo dell'esistenza umana faccia camminare l'uomo verso una dimensione trascendente e assoluta che lo sorpassa. Questo sviluppo è un aspetto costitutivo di tutto l'essere umano che si rispetta e si considera. L'apertura naturale verso la speranza crea una dinamica originale di «speranza-sperante» che sottolinea l'aspetto esistenziale e sensato della vita. Il fatto che l'uomo non desideri morire ma vivere, in modo da lottare contro la malattia e la morte, è un segno chiaro e fenomenologico della sua apertura verso il futuro e l'assoluto trascendente.

La mia conclusione mi porta a vedere, in questo atteggiamento profondamente umano della speranza, una realtà trascendentale la quale fa si che ogni uomo, nell'intimo della sua persona, abbia il desiderio di essere salvato dalla vita e dalla morte. Si apre allora tutta la problematica di Dio come possibilità ragionevole del Suo amore per l'uomo e del Suo desiderio di salvarlo. Possiamo allora domandarci: quale sarebbe la concezione della salvezza dell'uomo nella teologia di Alfaro? Partendo dalla Sacra Scrittura, il nostro autore asserisce che la relazione di salvezza è stata sempre quella personale di fiducia e di fede in un Dio di amore. La salvezza, per Alfaro, si trova nell'amore di un Dio personale. I presupposti esistenziali dell'uomo ci fanno percepire dei presupposti cristiani. La teologia di Alfaro è un dialogo costante tra la filosofia del pensiero e l'immanenza del cuore dell'uomo. Dio appare come una possibilità, nella riflessione di Alfaro, perché l'uomo nella sua vita vissuta è per natura aperto alla trascendenza in modo che la possibilità di Dio sia già presente nelle sue strutture ontologiche.

È interessante notare come il nostro autore – nei primi due capitoli – abbia la grande preoccupazione di farci vedere, in modo efficace, la grande difficoltà – per non dire impossibilità – per l'uomo di dare un senso alla sua vita senza considerare la realtà trascendentale della sua esistenza. È necessario per lui avere una grande apertura di fronte alla sua realtà globale e non chiudersi in ciò che è soltanto visibile o oggettivo. Ogni uomo deve avere il coraggio di andare al di là della propria identità e sensazione per considerare un'apertura verso la possibilità a Dio, l'unico che può dare un senso alle domande esistenziali della vita, della morte degli altri e della storia. Il tema su Dio nasce dalla questione sull'uomo; soltanto Dio può dare una risposta alle domande fondamentali dell'uomo. Alfaro cerca di fornire una nuova spinta a queste domande esistenziali, che non possono essere spiegate con formule logiche e rigorose dalla neoscolastica del pre-Concilio. Con il cambiamento del mondo, anche la teologia si è dovuta adattare in modo da essere più sensibile e vicina all'uomo, diventato più indipendente e critico nei confronti della religione. Sembra che ci siano tre ragioni affinché la nuova evangelizzazione si adegui per essere rilevante:

1 – Il progresso della scienza con le sue scoperte cosmologiche e biologiche.

2 – La nuova realtà della democrazia con il suo pluralismo e libertà di espressione.

3 – La globalizzazione ove diverse culture e religioni coabitano nella stessa nazione.[271]

Il Concilio Vaticano II ha riconosciuto questa nuova realtà del progresso e del cambiamento avvenuto nella società,[272] quindi ha invitato

---

[271] Cf. LATOURELLE, R., *Quête de sens et don de sens*, Novalis, Outremont, 1995, p. 226.
[272] *Gaudium et spes,* 44, 53, 76.

i cattolici ad assuefarsi al mondo per non diventare estranei e rischiare di chiudersi in se stessi. Alfaro ha cercato di contrattaccare a queste sfide del Concilio rispondendo con le domande sull'uomo e sul senso della vita. Di fronte alla sua finitezza, l'uomo è incapace di soddisfare se stesso, ma deve rispondere alla sua condizione esistenziale con un'apertura coraggiosa verso la possibilità di Dio come conseguenza della sua apertura con gli altri, il mondo e la storia. L'uomo è un problema per se stesso e l'unica risposta è Dio.

Alfaro conclude che l'uomo è naturalmente orientato, sia nella speranza che nell'esperienza, verso la trascendenza: è una chiamata interiore di Dio che l'autore chiama una grazia o un dono. La domanda su di Dio è ultima, ma fa anche parte della totalità globale dell'essere umano sia soggettivo che oggettivo. In questa prospettiva possiamo asserire che Dio è anche prima perché è da Lui che scaturisce la domanda sulla vita e il senso. L'uomo volendo auto-realizzarsi trova nella sua finitezza un ostacolo che può essere sormontato soltanto con un aiuto esterno al suo essere. È appunto nella creazione e nell'uomo che Dio si rivela e lo interpella ad uscire da se stesso. Allora l'uomo è *capax Dei*, come ricorda in due encicliche citate, nel suo aspetto ontologico, perché sempre è insoddisfatto del creato. È una tensione nella quale egli deve vivere tra la limitatezza della sua vita e l'aspirazione infinita della sua coscienza. Il senso della vita viene da un'armoniosa tensione tra l'Assoluto e il finito, integrato nel mistero salvifico della rivelazione di Cristo.

Se Giovanni Paolo II non si è ispirato al nostro autore per elaborare la sua enciclica *Fides et ratio*, almeno possiamo affermare che abbia partecipato fortemente del suo pensiero. L'enciclica si avvicina molto alla riflessione di Alfaro e contribuisce meravigliosamente a complimentarla. L'importanza che aveva Giovanni Paolo II, di collegare la crisi moderna con la crisi della ragione, è stata l'intuizione di Alfaro. La filosofia non deve perdere il suo coraggio di riflettere sulle crisi esistenziali dell'uomo. Il desiderio di trovare e capire cosa è la verità deve essere lo scopo di tutta l'attività del filosofare. Tuttavia, poiché essa è anche una riflessione sulla cultura del popolo, deve essere inclusa nello studio e nello svolgimento della nuova evangelizzazione. I credenti non devono banalizzare l'influenza e l'importanza della filosofia, ma accoglierla e, in qualche modo, diventare filosofi perché abbiamo bisogno di filosofi credenti!

Giovanni Paolo II ribadisce, in ogni momento della sua enciclica, l'importanza per l'uomo, soprattutto per il credente, di avere coraggio e audacia nell'espletamento del proprio pensiero. Una riflessione ben orientata verso una ricerca leale per la verità è di grande importanza per tutti gli uomini. Senza una fiducia nella propria capacità di ragionare, l'uomo cade nella credulità con la pericolosa possibilità di essere manipolato e sottomesso a teorie o movimenti distruttori. *Fides et ratio* parla del dramma successo nella separazione tra la fede e la ragione. Una ragione senza fede diventa perduta e utopica. Alfaro ci ricorda che non si può fare teologia senza fare filosofia ma è anche vero che non si deve fare filosofia senza un'apertura per la teologia. Il credente deve essere illuminato dalla ragione e guidato dalla fede.

L'enciclica accenna alla problematica del nichilismo e del positivismo marxista; lo fa anche Alfaro sviluppando più precisamente l'esistenza dell'uomo come realtà aperta verso Dio. Ricercando la verità delle cose, l'uomo dovrà prendere in considerazione la possibilità di Dio. La sua libertà gli fa capire come il mondo non abbia tutte le risposte alle sue domande. Soltanto se si prende in considerazione la Rivelazione di Dio in Cristo, l'uomo potrà incominciare a dare senso alla sua vita. Prendendo sul serio la riflessione filosofica, ci dice Giovanni Paolo II, l'uomo arriverà alla saggezza della vita e riconoscerà nel Vangelo la Parola di Dio. Sarà il frutto di un processo di affidamento e di svolgimento della sua persona con la sua libertà. È nella libertà che l'uomo trova la ricchezza del suo essere e l'infinito della sua coscienza.

Concludendo vorrei dire che recuperando la totalità della persona umana, il nostro autore scopre la limitazione dell'uomo di fronte alla complessità della sua vita. Per avere senso, la vita ha bisogno di considerare la trascendenza e il mistero. La filosofia è uno svolgimento importante del pensiero umano e, con la sua critica razionale e penetrante, aiuta senz'altro la teologia a diventare più feconda ed efficace nel capire il mistero della fede. Senza una sana filosofia, l'uomo diventa un disabile esistenziale perché perde la nozione della globalità del suo essere.

Alfaro propone, come soluzione alla crisi del senso, un'apertura dell'uomo verso una fiducia e speranza in Cristo. L'enciclica *Spe salvi* riprende, in un certo modo, questa proposta di Alfaro quando segnala che la vera crisi del mondo di oggi è la perdita della speranza. Non avendo più fiducia in se stesso, l'uomo diventa irrilevante e perde il suo senso di vita. Dopo avere constatato i garbugli del suo sviluppo tecnologico e scientifico, come ad esempio guerre e disastri ecologici, l'uomo viene a perdere la fede nel suo progresso e nelle suo essere. Senza un equilibrio tra la sua capacità materiale e razionale – o quella della coscienza e del cuore – egli diventa una minaccia per se stesso e il mondo.

È soltanto attraverso l'esperienza dell'amore che l'uomo scoprirà il rispetto per il creato. Ecco l'importanza della sua relazione con gli altri e il mondo; sentirsi amato e voluto gli farà desiderare la dimensione dell'amore assoluto, un amore personale e redentore. Il desiderio della vita eterna – di non soffrire e di non morire – ci apre verso l'infinito e l'assoluto di Cristo. Una relazione personale con Dio che non può essere soltanto per «me» ma «per tutti» perché l'uomo non vive da solo nel mondo. In questo punto, Benedetto XVI si avvicina molto alla proposta di Alfaro. La salvezza viene da una responsabilità per l'altro in uno spirito comunitario, a tal punto che l'uomo non può salvarsi senza la salvezza dell'altro. Questa è una delle chiavi principali della riflessione teologica di Alfaro. Una sensibilità per l'altro dove la carità diventa il denominatore comune nella globalità esistenziale del senso della vita. «Cristo è morto per tutti, perché quelli che vivono non vivano più per se stessi, ma per colui che è morto e risuscitato per loro» (2Cor 5,15).

L'uomo ha bisogno di una speranza che va al di là della sua vita visibile, per questo *Spe salvi* indica che l'uomo deve allargare la sua mente per considerare Dio. La preghiera e la mortificazione sono metodi di purificazione che allargano il cuore e ci rendono consapevoli della presenza degli altri e di Dio. Una relazione che nasce dall'amore e ci conduce verso il fondamento della vita. È l'esperienza del fallimento quotidiano che fa maturare l'uomo nel cammino della vita. Quando l'uomo fa l'esperienza di un declino o di un regresso nella vita e si rende conto di aver bisogno di affidarsi a qualcuno, allora nasce il vero senso della vita. L'aiuto e l'amore dell'altro gli farà pensare a quello che lo supera nella sua esistenza e lo porterà verso il fondamento della creazione che si trova in Dio (cf. 1Cor 3,11). L'amore diventa allora fede perché sperimenta il bisogno di affidarsi. Come la fede ha sempre il bisogno di nutrirsi e va scoperta, così è l'amore che alla fine dà il vero senso della vita perché quando si ama, si ama per sempre (1Cor 13,8).

5. Bibliografia

1. Magistero della Chiesa

BENEDETTO XVI, Lettera Enciclica *Spe Salvi*, 30 novembre 2007.

CATECHISMO DELLA CHIESA CATTOLICA, Libreria Editrice Vaticana, Città del Vaticano, 1992.

CONCILIO VATICANO II, Costituzione dogmatica sulla chiesa *Lumen gentium,* 21 novembre 1964.

______, Decreto sull'ecumenismo *Unitatis Redintegratio*, 21 novembre 1964.

______, Costituzione dogmatica sulla divina rivelazione *Dei verbum,* 18 novembre 1965

______, Decreto sull'apostolato dei laici *Apostolicam Actuositatem*, 18 novembre 1965

______, Costituzione pastorale sulla Chiesa nel mondo contemporaneo *Gaudium et spes*, 7 décembre 1965.

CONGREGAZIONE PER LA DOTTRINA DELLA FEDE, *Istruzione su alcuni aspetti della «Teologia della Liberazione»*. Librería Editrice Vaticana, Città del Vaticano, 1984.

______, *Risposte a quesiti riguardanti alcuni aspetti circa la dottrina sulla chiesa*, Librería Editrice Vaticana, Città del Vaticano, 2011.

______, *Sull'Eutanasia, testi e commenti*, Librería Editrice Vaticana, Città del Vaticano, 2016.

GIOVANNI PAOLO II, Lettera enciclica *Veritatis Splendore*, 6 agosto 1993.

______, Lettera enciclica *Fides et Ratio*, 14 settembre 1998.

LE SECRÉTARIAT POUR L'UNITÉ DES CHRÉTIENS, LE SECRÉTARIAT POUR LES NON CHRÉTIENS, LE SECRÉTARIAT POUR LES NON-CROYANTS ET LE CONSEIL PONTIFICAL POUR LA CULTURE, «Les 'Sects' ou 'Movements Religieux': Défi Pastoral», La Documentation catholique 69 (1986) pp. 547-554.

PONTIFICIO CONSIGLIO DELLA CULTURA, PONTIFICIO CONSIGLIO PER IL DIALOGO INTERRELIGIOSO, *Gesù Cristo portatore dell'acqua viva. Una riflessione cristiana sul «New Age»*, Documenti Santa Sede 81, Editore EDB, 2003.

III CONFERENZA GENERALE DELL'EPISCOPATO LATINOAMERICANO. DISCORSO DI SUA SANTITÀ GIOVANNI PAOLO II, Puebla, Messico, 28 gennaio 1979, 4, in *Acta Apostolicae Sedis*, 71 (1979) pp. 187-205.

2. *Opere specifiche*

ALFARO, J., *Fides in terminologia biblica*, in Gregorianum 42, 1961, pp. 463-505.

______, *La fede come dedizione personale dell'uomo a Dio*, in Concilium 1, 1967, pp. 66-79.

______, *Foi et existence*, in Nouvelle Revue Théologique 90, 1968, pp. 561-580.

______, *Las esperanzas intramundanas y la esperanza cristiana*, in Concilium 59, 1970, pp. 352-363.

______, «Certitude de l'espérance et certitude de la grâce», *Nouvelle Revue Théologique* 94 (1972), pp. 3-43.

______, *Esperanza cristiana y liberación del hombre* (1971), tr. it. *Speranza cristiana e liberazione dell'uomo*, Queriniana, Brescia, 1972.

______, ALFARO, J., «Attitudes fondamentales de l'existence chrétienne», *Nouvelle Revue Théologique* 95 (1973), pp. 705-734.

______, FRIES, A., RAHNER, K., *Fede*, in Sacramentum Mundi III, Brescia, 1975, pp. 729-750.

______, *La teologia di fronte al magistero*, in LATOURELLE, R., – O'COLLINS, G., ed., *Problemi e prospettive di Teologia Fondamentale*, Queriniana, Brescia, 1982, pp. 413-432.

______, *Revelación cristiana, fe y teología* (1985), tr. it. *Rivelazione cristiana, fede e teologia*, Queriniana, Brescia, 1986.

______, *De la cuestión del hombre a la cuestión de Dios* (1988), tr. it. *Dal problema dell'uomo al problema di Dio,* Queriniana, Brescia 1991.

ALICI, L., *La filosofia tra verità e sapienza*, in FISICHELLA, R., ed., *Fides et ratio*, San Paolo, Cinisello Balsamo, 1999, pp. 245-258.

ANSELMO DI CANTERBURY, *Proslogio*, Proemio, in ALAMEDA, J., ed., *Obras completas de San Anselmo*, Biblioteca de Autores Cristianos 82, Madrid, 1952.

ARISTOTELE, *Metafisica.*

AUGUSTINO, *Opere di Sant'Agostino, Esposizioni sui salmi*, Città Nuova Editrice, Roma, 1967.

______, *Opere di Sant'Agostino, Discorsi*, Città Nuova Editrice, Roma, 1983.

______, *Utilità del credere*, XII, 26, traduzione di O. Grassi, da Agostino, *Il Filosofo e la Fede*, Rusconi, Milano, 1989.

______, Tutte le opere: http://www.augustinus.it/italiano/index.htm

BLOCH, E., *Dialettica e speranza*, Vallecchi, Firenze 1967.

______, *Das Prinzip Hoffnung*, tr. fr. *Le Principe Espérance*, I, II, III, Éditions Gallimard, Paris, 1991.

BOTTURI, F., *La ragione credente e i suoi nemici*, in FISICHELLA, R., ed., *Fides et ratio*, San Paolo, Cinisello Balsamo, 1999, pp. 207-222.

CACCIAPUOTI, P., «Attualità di Blondel nell'età postmoderna», *Asprenas* 41 (1994), pp. 97-110.

CAMUS, A., *Le mythe de Sisyphe. Essai sur l'absurde*, (Il mito di Sisifo), Éditions Gallimard, Paris, 1942.

______, *Les Justes*, Éditions Gallimard, Paris, 1950.

______, *L'homme révolté*, Éditions Gallimard, Paris, 1951.

CAUTILLI, G., Oltre l'orizzonte. Il tema della speranza in Juan Alfaro, Editrice Pontificia Università Gregoriana, Roma, 2005.

COMMISSIONE TEOLOGICA INTERNAZIONALE, *Documenti 1969-2004*, Edizioni Studio Domenicano, Bologna, 2006.

COPLESTON, F., *Friedrich Nietzsche, Philosopher of Culture* (1942), Barnes & Noble, New York, 1975.

COTTIER, G., *Un appello rivolto ai filosofi e alla filosofia*, in FISICHELLA, R., ed., *Fides et ratio*, San Paolo, Cinisello Balsamo, 1999, pp. 159-167.

CUNIBERTO, F., *Madonna povertà. Papa Francesco e la rifondazione del cristianesimo*, Neri Pozza Editore, Vicenza, 2016.

DENZINGER, H., *Enchiridion Symbolorum et Definitionum*, Wirceburgi, 1854.

DOTOLO, C., *Secolarismo e nichilismo in «Fides et ratio»*, in FISICHELLA, R., ed., *Fides et ratio*, San Paolo, Cinisello Balsamo, 1999, pp. 259-274.

______, *Un cristianesimo possibile, Tra postmodernità e ricerca religiosa*, Queriniana, Brescia, 2007.

DULLES, A., *The Assurance of Things Hoped For*, Oxford, New York, 1994.

FISICHELLA, R., *Introduzione alla Teologia Fondamentale*, Piemme, Casale Monferrato, 1997.

______, *La Rivelazione: evento e credibilità*, Saggio di teologia fondamentale, Bologna 2007.

______, *La Rivelazione, novità radicale per la fede e la ragione*, in FISICHELLA, R. ed., *Fides et ratio*, San Paolo, Cinisello Balsamo, 1999, pp. 171-187.

GARRIGOU-LAGRANGE, R., *De Revelatione per ecclesiam catholicam proposita* (1918), Rome, 1945, I - II.

HAFFNER, P., *The Mystery of Reason*, Gracewing, Herefordshire, 2001.

HEGEL, G.W.F. *Encyclopaedia of the Philosophical Sciences* (1830), tr. in. W. Wallace, Oxford, 1873.

HENN, W., *One Faith*, Paulist Press, New York, 1995.

HEIDEGGER, M., *Sein und Zeit* (1927), tr. it. *Essere e Tempo*, a cura di Pietro Chiodi, Longanesi & C., Milano, 1976.

IRENEO DI LEONE, *Adversus haereses*.

JASPERS, K., *Philosophie* II, Berlin, 1932.

______, *Origine e senso della storia*, Ed. Di Comunità, Milano, 1965.

KANT, E., *Logik*, (1800) tr. fr. *Logique,* Vrin, Paris, 1966.

______, *Kritik der reinen Vernunft*, (1781) tr. fr. *Critique de la raison pure,* Flammarion, Paris 2006.

LAIN ENTRALGO, P., *La espera y la esperanza: historia y teoría del esperar humano*, Revista de Occidente, Madrid, 1958

LATOURELLE, R., *Quête de sens et don de sens*, Novalis, Outremont, 1995.

LEISS, W., *The Domination of Nature*, New York (1972), tr. it. *Scienza e dominio: il dominio sulla natura. Storia di una ideologia*, Longanesi, Milano 1976.

LIGUORI, ALPHONSUS M., *The History of Heresies*, Dublin, Published by James Duffy, 1847.

LUCAS LUCAS, R., *Verità e libertà: «Fides et ratio» in continuazione con «Veritatis splendor»* in FISICHELLA, R., ed., *Fides et ratio*, San Paolo, Cinisello Balsamo, 1999, pp. 145-157.

MALEVEZ, L., *La vision chrétienne de l'histoire*, in Nouvelle Revue Théologique (1949) pp. 113-134.

______, *Deux théologies catholiques de l'histoire*, in Bijdragen (1949), pp. 225-240.

MARCEL, G., *Du refus à l'invocation*, Gallimard, Paris, 1940

______, *Homo viator: prolégomènes à une métaphysique de l'espérance,* Aubier, Paris, 1944.

MIGUEL, J.M. DE, *Revelación y fe. La teología de Juan Alfaro*, Secretariado Trinitario, Salamanca, 1983.

MOLTMANN, J., Theologie der Hoffnung, München (1964), tr. it. *Teologia Della Speranza*, Queriniana, Brescia, 2002.

______, *Speranza senza fede*? Riflessioni sull'umanesimo escatologico ateo, in Concilium 4, 1966, pp. 53-68.

______, *Esperanza y planificación del futuro*, Sígueme, Salamanca, 1971

______, *Il passo del Duemila*, in GIBELLINI, R., ed., *Prospettive teologiche per il XXI secolo* (2003), Queriniana, Brescia, 2006, pp. 27-48.

METZ, J.B., *Glaube in Geschichte und Gesellschaft*, Mainz (1977), tr. fr. *La foi dans l'histoire et dans la société,* Les Éditions du Cerf, Paris, 1999.

NATOLI, S., *Cristianesimo tra secolarizzazione e neopaganesimo*, Rivista di scienze religiose 25, 1999, pp. 149-158.

NIETZSCHE, F., *The Joyful Wisdom* ("La Gaya Scienza"), Complete Works, Volume Ten, T.N. Foulis, London, 1910.

OLIVIER, P., «Provocation chrétienne et réflexion philosophique. L'intention de Maurice Blondel», *Recherches de Science Religieuses* 81 (1993), pp. 343-384.

ORIGEN DI ALESSANDRIA, *Contra Celsum.*

PIÉ-NINOT, S., *Ecclesiologia. La sacramentalità della comunità cristiana* (2006), tr. It. Queriniana, Brescia 2008.

______, *La teologia fondamentale* (2001), tr. it. Queriniana, Brescia 2007.

RAHNER, K., *Hörer des Wortes* (1941), tr. it., *Uditori della parola,* Borla, Torino, 1988

RATZINGER, J., *Il significato storico di «Fide set Ratio»,* in FISICHELLA, R., ed., *Fides et ratio*, San Paolo, Cinisello Balsamo, 1999, pp. 117-128.

______, *In the Beginning,* T&T Clark, Edinburgh, 1995.

______, *Presentazione*, in FISICHELLA, R., ed., *Fides et ratio*, San Paolo, Cinisello Balsamo, 1999, pp. 5-11.

REALE, G., *Riflessioni epistemologiche sull'enciclica*, in FISICHELLA, R., ed., *Fides et ratio*, San Paolo, Cinisello Balsamo, 1999, pp. 129-144.

SARTORI, L., «Per una metafisica dell'amore», *Studia Patavina* 50 (2003), pp. 25-45.

SARTRE, J.P., *La nausée,* Éditions Gallimard, Paris, 1938.

______, *L'être et le néant: essai d'ontologie phénoménologique,* Éditions Gallimard, Paris, 1943.

SCHLITT, D.M., *Hegel,* in Latourelle, R. - FISICHELLA, R., ed., *Dizionario di Teologia Fondamentale,* Cittadella, Assisi, 1990, pp. 539-549.

SPICQ, C., *Théologie Morale du Nouveau Testament*, Paris, Librairie Lecoffre, J. Gabalda et Cie, 1965.

TOMMASO D'AQUINO, *Summa Teologica* volumi II-III, Edizioni Studio Domenicano, Bologna, 1996.

______, *Summa Contra Gentiles* volume II, Edizioni Studio Domenicano, Bologna, 2001.

______, Tutte le opere: http://www.corpusthomisticum.org/iopera.html: http://docteurangelique.free.fr/saint_thomas_d_aquin/oeuvres_completes.html

UNAMUNO, DE M., Ensayos II, M. Aguilar Editor, Madrid 1945.

WITTGENSTEIN, L., *Tractatus Logico-Philosophicus e Quaderni 1914-1916*, traduzione di Amedeo Giovanni Conte, Collana Biblioteca di cultura filosofica, Torino, Einaudi, 1964.

3. Letteratura complimentare

ARDUSSO, F., *Teologia fondamentale*, in L. PACOMIO, ed., *Dizionario teologico interdisciplinare* I, Torino, 1977, pp. 182-200.

BALTHASAR, H.U. von, *Solo L'amore è Credibile*, Borla, Roma, 2006.

ROVIRA BELLOSO, J.M., *La obra reciente de Juan Alfaro a la luz de su propria metodologia*, in Estudios Eclesiasticos 64, Madrid, 1989, pp. 37-51.

DE MIGUEL GONZÁLEZ, J.M., *Alfaro, Juan*, in *Diccionario de Teologia Fundamental*, LATOURELLE, R. y FISICHELLA, R., Paulinas, Madrid, 1992, pp. 55-58.

______, *La Teologia de Juan Alfaro*, in Estudios Eclesiasticos 64, Madrid, 1989, pp. 15-36.

DOTOLO, C., *La teologia fondamentale*, Libreria Ateneo Salesiano, Roma, 1999.

______, *Senso della vita, esperienza religiosa e fede cristiana*, in Ricerche teologiche, n. 2, 2005, pp. 219-237.

GAINO, A., *Esistenza Cristiana, Il pensiero teologico di Juan Alfaro e la sua rilevanza morale*, Pontificia Università Gregoriana, Roma, 1999.

GALLAGHER, M.P., *Clashing Symbols, An Introduction to Faith & Culture* (1997), Darton, Longman and Todd, London, 2003.

GIBELLINI, R. *La Teologia del XX Secolo* (1992), Queriniana, Brescia, 2007, pp. 109-160; 297-320.

HERCSIK, D. *Elementi di teologia fondamentale*, Dehoniane, Bologna, 2006.

KUNZ, E., *Conoscenza della credibilità e fede (analysis fidei)*, in W. KERN, - H.J. POTTMEYER – M. SECKLER, ed., *Corso di teologia fondamentale* 4. Trattato di gnoseologia teologica, Queriniana, Brescia, 1990, pp. 493-536.

LATOURELLE, R. - FISICHELLA, R., ed., *Dizionario di Teologia Fondamentale,* Cittadella, Assisi, 1990.

MOLTMANN, J., *Im Ende – der Anfang* (2003), tr. it., *Nella Fine-L'Inizio*, Queriniana, Brescia, 2004.

RAHNER, K., *In Search of a Short Formula for the Christian Faith*, in Concilium 3, 1967, pp. 36-42.

______, *La Prospettiva Trascendentale* (1998), in BRAMBILLA, F.G., ed., *Il Crocifisso Risorto*, Queriniana, Brescia, 1999, pp. 188-209.

STARK, R. - FINKE, R., *Acts of Faith*, University of California Press, Berkely, 2000.

SPLETT, J., *Sulla possibilità di pensare Dio oggi.*, in W. KERN, - H.J. POTTMEYER – M. SECKLER, ed., *Corso di teologia fondamentale* 1. Trattato sulla religione, Queriniana, Brescia, 1990, pp. 157-181.

TAYLOR, C. *A Secular Age*, Harvard Press, Cambridge, 2007.

UNAMUNO, DE M., *Del sentimiento trágico de la vita* (1912), tr. it. *Del sentimento tragico della vita*, Piemme, Casale Monferrato, 1999.

______, *Ensayos* II, M. Aguilar Editor, Madrid 1945.

WALDENFELS, H., *Il cristianesimo nella disputa delle religioni intorno alla verità*, in W. KERN, - H.J. POTTMEYER – M. SECKLER, ed., *Corso di teologia fondamentale* 2. Trattato sulla rivelazione, Queriniana, Brescia, 1990, pp. 284-313.

Indice

0. INTRODUZIONE **3**

1. «DAL PROBLEMA DELL'UOMO AL PROBLEMA DI DIO» **13**

1.1 NON SI PUÒ FARE TEOLOGIA SENZA FARE FILOSOFIA 13
1.2 L'APERTURA A DIO COME PROBLEMA DEL SENSO E SENSO DEL PROBLEMA 15
1.2.1 Il metodo di Alfaro *17*
1.3 IL MONDO 19
1.4 GLI ALTRI 22
1.5 LA MORTE 26
1.5.1 È soltanto nella «speranza-sperante» che l'uomo può trovare un senso alla morte *28*
1.6 LA STORIA 30
1.7 CRISTO COME RISPOSTA ULTIMA ALLA RICERCA SUL SENSO DELLA VITA DELL'UOMO 33
1.7.1 L'apertura dell'uomo prefigura un comportamento di fede *35*

2. «SPERANZA CRISTIANA E LIBERAZIONE DELL'UOMO» **37**

2.1 LA RIFLESSIONE ANTROPOLOGICA DELLA SPERANZA E DELLA FEDE CRISTIANA 37
2.2 LA SPERANZA E LA FEDE NELLA BIBBIA 42
2.2.1 L'avvenimento della Morte e della Risurrezione di Cristo come fondamento della speranza *46*
2.3 LA SPERANZA IN DIO IMPLICA LA SOLIDARIETÀ VERSO GLI ALTRI 47
2.4 LA SPERANZA È UNA PROFONDA AMICIZIA FRA IL CREATORE E LA CREATURA 52
2.5 L'ESISTENZA DELLA FEDE CRISTIANA COME FRUTTO DELL'AMICIZIA TOTALE DI DIO VERSO L'UOMO 56
2.6 LA FEDE È ANZITUTTO UN DONO DI DIO 59
2.7 ALCUNE ESPRESSIONI INCOMPLETE DELLA FEDE 62
2.8 L'UOMO È ATTRATTO DA DIO NELLA FEDE, SPERANZA E CARITÀ AGENDO NEL MONDO. 64
2.9 LA FEDE COME MISTERO 69

3. LO SVILUPPO TEOLOGICO DELLA SPERANZA E DELLA FEDE NELLA CHIESA CATTOLICA DOPO L'INTUIZIONE DI JUAN ALFARO **71**

3.1 «FIDES ET RATIO»: PER TROVARE IL SENSO DELLA VITA BISOGNA COINVOLGERE TUTTO L'UOMO NELLA SUA REALTÀ RAZIONALE E SPIRITUALE. 74
3.1.1 Recuperare il coraggio di ricercare la verità alla luce della fede *76*
3.1.2 La verità come ponte di incontro tra la filosofia e la teologia *82*
3.1.3 Dal fenomeno al fondamento *87*
3.2 «SPE SALVI»: LA VITA NON È VUOTA DI SENSO PERCHÉ C'È SEMPRE LA SPERANZA 90
3.2.1 La speranza e la fede cambiano la vita *92*
3.2.2 La fede e la speranza nel progresso *95*
3.2.3 I «luoghi» della fede, della speranza e della carità *98*
3.2.4 L'amore, manifestata dalla fede e della speranza, da un senso alla vita *100*

4. CONCLUSIONE **103**

5. BIBLIOGRAFIA **111**

Printed by Books on Demand GmbH, Norderstedt / Germany